Mein Job. Mein Kind. Mein Leben?

Warum die Vereinbarkeit von Familie und Karriere ein Mythos ist

Jana Witt

Für meine wunderbare Tochter, die mein Leben auf den Kopf stellt.

Und für meinen Mann, der es immer wieder auf die Füße stellt.

INHALT

1

WIE ALLES ANFING

Es begann alles damit, dass ich Heidi kennenlernte. Heidi heißt eigentlich Heidemarie und ist eine großartige Frau. Sie ist klug, witzig, tough wie eine Löwin und Mutter von drei (mehr oder weniger) süßen Kindern. Heidi hat ihre eigene PR-Agentur, beschäftigt 14 Mitarbeiter und Mitarbeiterinnen – überwiegend „-innen" – und betreut Kunden wie einen namhaften Elektronikkonzern, ein internationales IT-Unternehmen, einen Mobilfunkprovider und projektweise einen Automobilhersteller. Respekt. Auch wenn ich als Journalistin PR-Agenturen immer mit diesem natürlichen Argwohn betrachtet hatte – Heidi nötigte mir eine gewisse Hochachtung ab und bald schon verband uns eine zwar professionelle, aber herzliche Beziehung, und wann immer wir uns trafen, hatten wir Spaß.

Und dann kam der Tag, an dem ich als Journalistin arbeitslos war, weil Anfang der 2000er in der Medienlandschaft plötzlich ein Magazin nach dem anderen wegen chronischen Anzeigenschwunds eingestellt wurde. Nachdem man zuvor jeden von der Straße weggefangen hatte, der auch nur einen geraden Satz formulieren konnte, gab es nun eine Journalistenschwemme – und diejenigen, die es sich nicht leisten konnten, darauf zu warten, dass sie irgendwie irgendwann irgendwo anders im Journalismus wieder unterkamen, sondern darauf angewiesen waren, sich schnell einen neuen Job zu suchen, dachten plötzlich ernsthaft darüber nach, die Seiten zu wechseln: vom Journalismus in die Presse- und Öffentlichkeitsarbeit.

Ich traf Heidi. Sie begriff sofort, dass der Augenblick nie günstiger gewesen war. Die Agentur hatte einen neuen Kunden gewonnen – ein IT-Unternehmen – und der wollte betreut werden. Sie bot mir einen Job als Senior Account Manager an.

Ich bewundere heute noch ihren Optimismus, eine Journalistin könnte von heute auf morgen so mir nichts dir nichts in die PR einsteigen. Aber da auch ich klug bin, sagte ich nichts, nahm den Job und wurde PR-Frau. Und allem Anschein nach machte ich meine Sache nicht schlecht. Mein Kunde liebte mich. Heidi liebte mich. Weitere Kunden begannen mich zu lieben. Die Journalisten liebten mich, im Rahmen ihrer Möglichkeiten.

Und dann wurde ich schwanger.

2

BACK TO WORK

Man kann nicht behaupten, dass die Schwangerschaft geplant war. Sie war andererseits auch nicht ganz ungeplant. Sie war, um diesen lieblosen, aber treffenden Ausdruck zu gebrauchen, „billigend in Kauf genommen worden". Ich wusste Ende Dezember, dass ich ein Kind erwartete. Anfang Januar gab es in der Agentur ein großes Strategiemeeting, bei dem diskutiert werden sollte, wer welche Accounts zusätzlich betreuen sollte, wer welche Gruppenleitung übernehmen konnte, wer sich für Führungsaufgaben eignete. Ich ahnte, dass Heidi Größeres mit mir vorhatte – und in meinem Bauch wuchs, parallel zum Baby, das Unbehagen.

Auch wenn alle Welt einer Schwangeren immer rät, nicht vor Ablauf der 16. Woche öffentlich darüber zu sprechen: Ich musste es Heidi beichten. Es schien mir ein Gebot der Fairness. Schließlich wollte ich nicht, dass sie Pläne mit mir machte, mich für alles Mögliche vorsah, dies womöglich auch schon den Kunden kommunizierte – nur, um wenige Wochen später zu erfahren, dass ich längere Zeit ausfallen würde. Dachte ich. In meinem Kopf drehte und wendete ich alles tausendmal hin und her. Wie sollte ich dieses unaufschiebbare Gespräch am besten angehen? Wie würde Heidi reagieren? Würde sie sauer sein? Genervt? Erst im Herbst hatten zwei andere Kolleginnen eine Schwangerschaft bekannt gegeben. Das hatte sie nun davon, dass sie so viele Frauen im „gebärfähigen Alter" einstellte, immer das Powerfrauen-Netzwerk ausweiten wollte. Die Gute. Tja.

Irgendwann fasste ich mir ein Herz, schnappte sie mir zwischen zwei Meetings und erklärte ihr, ich müsse mit ihr sprechen. Wir saßen uns in ihrem Büro gegenüber, sie guckte mich an und grinste.

„Du bist schwanger", sagte sie.

Ich nickte.

Ihre Reaktion hätte euphorischer nicht sein können. Sie lachte, sprang auf, fiel mir um den Hals und drückte mich. „Wie schön!" rief sie. „Wie schön."

Ich war verwirrt. Ihre Freude war ganz offenkundig echt. Schließlich freute ich mich auch, dass sie sich so freute. Wir lagen uns in den Armen, ich heulte fast vor Rührung und sie lachte mit feuchten Augen und beglückwünschte mich ein ums andere Mal.

„Wann ist es denn so weit?", fragte sie.

„Ende August", meinte ich.

Und dann fing Heidi an, Pläne zu machen.

Heidi stand auf dem Standpunkt, Schwangerschaft sei keine Krankheit und es gebe demnach keinen Grund, besonders viel Aufhebens darum zu machen. Womit sie grundsätzlich recht hat. Sie selbst hatte – so geht das Gerücht – eines ihrer drei Kinder quasi zwischen zwei Meetings geboren. Und obwohl sie mit zwei unbrauchbaren Exmännern geschlagen war, von denen der eine ein Egomane und der andere ein totaler Loser war, klappte das bei ihr mit dem Status der alleinerziehenden Unternehmerin ganz hervorragend. Insofern sah sie keinen Grund, die Pläne, die sie mit mir hatte, zu ändern.

Ich wurde Leiterin von irgendeinem Kompetenzbereich – den genauen Titel habe ich vergessen – und machte weiterhin einen guten Job. Warum auch nicht? Meine Schwangerschaft lief bestens, es ging mir blendend, ich sah so gut aus wie nie. Beinahe hatte ich den Eindruck, meine Kunden liebten mich noch mehr als zuvor. Auf einer großen Messe – das muss im achten Monat gewesen sein – hatte ich zum ersten Mal ein vages Gefühl, es könne auch seine anstrengenden Momente haben, schwanger zu sein: Ich wurde schneller müde, konnte nicht so lang stehen, das kleine Ding in meinem Bauch trat mich ständig im Rhythmus der ohrenbetäubenden Musik am Messestand und am Abend war ich so platt, dass ich selbst zum Essen zu erschöpft war. Aber hey, ich war schwanger, nicht krank.

Irgendwann begann die Elternzeit. Ich machte eine gewissenhafte Übergabe, las weiter täglich meine Mails von zu Hause und freute mich auf das Baby.

Wann ich denn nach der Geburt wiederkommen wolle, fragte Heidi mich.

Hm. Wann wollte ich wiederkommen? Eigentlich wusste ich das nicht genau. Ich hatte ja noch nie ein Baby bekommen. Würde alles klappen? Würde es dem Baby gut gehen? Und mir? Wie würde ich die Betreuung regeln? Wie schnell konnte ich wieder größere Pläne machen?

Ich hatte zunächst mal ein Jahr Elternzeit beantragt. Klar war aber auch, dass sich in der Zeit noch vor der Einführung des Elterngeldes nicht zuletzt die Frage stellte, wie lang ich von meinem Ersparten leben konnte beziehungsweise ob das Geld meines Partners für uns beide und das Kind reichen würde.

„Mal schauen", sagte ich ausweichend. „Lass uns doch erst mal gucken, wie es läuft."

„Klar", meinte Heidi und lachte.

Man muss vielleicht dazu sagen, dass es genau die Zeit war, in der die Medien nicht müde wurden, die Vereinbarkeit von Kind und Karriere zu diskutieren – und zu propagieren. Und im Wesentlichen zieht sich das bis heute durch.

Natürlich ist es gemein, den Medien Propaganda zu unterstellen, denn Propaganda setzt eine wissentliche und absichtsvoll einseitige Darstellung von Inhalten voraus. Und ich bin fast sicher, wissentlich und absichtsvoll geschah es nicht. Doch die Powerfrau, die lächelnd und mit links Beruf und Familie unter einen Hut bringt, war zum gesellschaftlichen Ideal geworden.

Verstehen Sie mich nicht falsch: Es ist toll, was unsere Mütter und zum Teil unsere Großmütter in

Sachen Emanzipation für uns erreicht haben! Und ich bin ihnen wahnsinnig dankbar dafür, dass wir uns heute keine Gedanken mehr darüber machen müssen, ob und was wir arbeiten dürfen. Doch so wie noch hundert Jahre zuvor eine berufstätige Frau kaum denkbar war, so ist heute eher das Gegenteil – eine Frau, die nicht arbeitet, sondern zu Hause die Familie versorgt – kaum denkbar und der Begriff „Hausfrau" tendenziell negativ belegt. Gab es vorher keine Wahlfreiheit, scheinen wir heute wieder kaum eine zu haben.

Schlägt man Zeitungen und Magazine auf, werden „role models" – ein fantastisches neues Wort! – präsentiert. Weibliche Vorstandsmitglieder und Managerinnen, Gründerinnen, Wissenschaftlerinnen und Politikerinnen, allesamt verkörpern sie Frauen einer Generation, die sich nicht mehr von der Männerwelt an den Herd verbannen oder aufs Abstellgleis schieben lässt.

Und ich tat, was man eben so tut mit „role models": Man nimmt sich ein Beispiel an ihnen.

Als ich nach dem Kaiserschnitt aus der Narkose aufwachte, legte man mir Malin in den Arm. Ich war wie betäubt, ob vor Glück oder als Nachwirkung der Anästhesie wusste ich nicht so recht. Natürlich freute ich mich, aber es war alles so neu. Der Kindsvater hatte sich gerade kurz verabschiedet, um daheim nach dem Rechten zu sehen. Malin war exakt zehn Stunden alt, als die Tür unseres Zimmers in der Klinik aufging und Heidi mit ihrer ältesten Tochter und einem Blumenstrauß vor mir stand. Sie herzte das Kind und mich, wir redeten ein bisschen. Also: glaube ich. Eigentlich habe ich nämlich kaum Erinnerungen an diesen Besuch, wie das nach einer Narkose oft so ist. Nach dem Erwachen denkt man, man ist ganz wach und bei klarem Verstand. Natürlich könnte man sich auf der Stelle ins Auto setzen und nach Hause fahren. Man sagt und tut alle möglichen Dinge. Nur weiß man sie hinterher nicht mehr. Filmriss eben. Heidi war das egal und mir auch, es war ja lieb, dass sie an mich gedacht hatte.

Auch wenn ein Kaiserschnitt viele Vorteile hat, er bringt auch einen gravierenden Nachteil mit sich: eingeschränkte Mobilität.

„Es ist eben eine Bauch-OP", sagte der Chefarzt. „Da können Sie nicht gleich wieder herumspringen wie ein junges Reh. Geben Sie sich ein bisschen Zeit. Sie sind doch noch so jung, Sie können noch viel herumspringen."

Das hatte er gut gemeint, der Chefarzt. Ich wollte mir aber keine Zeit geben. Ich war nämlich eine Superpowerfrau. Weil ich den schweren Monsterkinderwagen nicht in den Kofferraum hieven konnte, kaufte mein Mann mir einen damals noch ganz neuen, hippen, winzig kleinen Quinny: ein wendiges Ding, an dem man diese Babyschale befestigen und das man ganz einfach lenken, schieben und heben konnte. Ich war also beinahe wieder ein Mensch.

Von da an wurde Malin überall mit hingezerrt. Ihren ersten (privaten) Messebesuch machte sie mit sechs Wochen, und wenn der Bahnhof Frankfurt-Süd barrierefrei wäre, hätte es damit auch keinerlei Schwierigkeiten gegeben. Stattdessen konnte ich drei Tage kaum laufen, weil ich das Quinny-Ding die Treppen hochgeschleppt hatte. Aber gut. Ich nahm wieder am Leben teil.

Nach acht Wochen rief Heidi an. Wie es denn aussähe bei mir?

„Gut", sagte ich.

„Hast du schon mal darüber nachgedacht, wann du zurückkommst?", meinte sie, so ganz nebenbei.

„Also eigentlich bin ich irgendwie immer noch ziemlich mit Malin und mit mir selbst beschäftigt."

„Das verstehe ich doch. Aber fühlst du dich nicht manchmal ein bisschen wie von der Außenwelt abgeschnitten? Das tut doch nicht gut, so viel daheim zu sein. Natürlich ist ein Baby anstrengend, wer wüsste das besser als ich! Aber das fordert einen doch intellektuell auf die Dauer nicht."

„Na ja, auf die Dauer sicher nicht. Aber ich bin so müde tagsüber, weil ich nachts oft wach bin. Ich muss die Kleine ja immer stillen, und dann schläft sie nicht und, und, und."

An dieser Stelle spare ich mir die Details zu den unterschiedlichen Konzepten von Abpumpen bis Zufüttern – Mütter wissen Bescheid und allen anderen möchte ich Unappetitlichkeiten ersparen. Doch ich kriegte es hin. Ich fand eine Tagesmutter, die zum Glück gleich in der Nachbarschaft wohnte, und handelte mit ihr einen fairen Stundenlohn aus, den ich mir gerade so leisten konnte. Und exakt zwölf

Wochen nachdem die kleine Malin das Licht der Welt erblickt hatte, kehrte ich mit zunächst 15 Stunden an meinen Arbeitsplatz zurück. Ich war nämlich – wie könnte es anders sein – eine Superpowerfrau, wild entschlossen, Kind und Karriere unter einen Hut zu bringen. Wie Heidi. Und all die anderen „role models".

Alles klar, wird sich jetzt so manch einer denken. Teilzeit-Mutter. Mit 15 Stunden. Lächerlich.

Ja, ich weiß, dass in vielen Unternehmen das Wort „Teilzeit-Mutter" ein Synonym für Problemfall ist. Aber ich verrate Ihnen etwas: Teilzeit-Mutter mit 15 Stunden, das war kein bisschen lächerlich.

Vielleicht vorweg: Im Studium habe ich mal eine Zeit lang als Verkäuferin gearbeitet. In einem großen, bekannten Warenhaus. Es begann als Job in den Semesterferien und setzte sich fort, weil damals der „lange Donnerstag" eingeführt wurde, bei dem alle Shops bis 20 Uhr geöffnet waren. Ich jobbte jeden Donnerstag und einen weiteren Tag die Woche in der Abteilung für Glas- und Haushaltswaren. Ich war also, wenn man so will, eine Teilzeitkraft mit 15 Stunden. Und soll ich Ihnen etwas sagen? Ich habe es geliebt. Ich bediente Kunden, die wussten, was sie wollten. Ich beriet jene, die es nicht wussten. Ich bewahrte junge Brautpaare davor, entsetzlich altmodisches Geschirr geschenkt zu bekommen. Ich verkaufte Bowle-Sets unsagbar reduziert, weil ein Löffelchen fehlte. Ich arbeitete wirklich hart und fleißig und es dauerte nicht lange, da bot mir der Abteilungsleiter eine feste Stelle an, als Anwärterin in der Abteilungsleiterlaufbahn. Und bei all dem war ich nicht ein einziges Mal gestresst, genervt, überfordert oder unter Druck. Und warum nicht? Weil mein Job in der Sekunde endete, in der ich das Warenhaus verließ. Und weil – sollte ich, aus welchen Gründen auch immer, doch einmal 20 Minuten später als geplant gehen – niemand zu Hause auf mich wartete als ein erwachsener Mann, der allenfalls ein bisschen hungrig war, weil es mit dem Essen später wurde. War ich wirklich einmal krank, legte ich mich einen Tag ins Bett, wo ich mich ohne Stress und irgendwelche Verpflichtungen binnen kürzester Zeit auskurierte.

Dann war ich plötzlich Teilzeit-Mutter mit 15 Stunden in einer PR-Agentur. Und da lief der Hase ganz anders. Der Grund ist ein eigenartiger Teufelskreis aus Kundenanspruch auf der einen und Hunger nach Anerkennung auf der anderen Seite. Agenturkunden ist es nämlich schnurzpiepegal, ob man einen 15-Stunden-Job hat, ob das Kind gerade Keuchhusten hat oder ob die Tagesmutter schon unruhig auf die Uhr guckt, weil man wieder einmal zu spät zum Abholen erscheint. Kunden wollen, dass ihr Job erledigt wird. Und das ist letztendlich ihr gutes Recht. Sie zahlen für eine Leistung. Wird sie nicht erbracht, ist der Kunde weg. So funktioniert Wirtschaft. Das ist im Übrigen in einem Kaufhaus auch gar kein Problem: Niemand geht zu Karstadt oder Kaufhof, um von einer ganz bestimmten Verkäuferin bedient zu werden. In Millionen Jobs aber ist das anders: Kunden haben sich an einen bestimmten Ansprechpartner gewöhnt, der ihr Projekt betreut und natürlich auch am tiefsten im Thema steckt. Sie haben weder Zeit noch Lust, einer anderen Person die gleichen Fragen erneut zu beantworten. Und ehrlich: Ich kann es verstehen. Nur bedeutet das, dass 15 Stunden sich auf eine unvorhersehbare Zeit von Montag bis Freitag verteilen. Selbst wenn die Teilzeit-Mutter dann tatsächlich unter dem Strich nur 15 Stunden gearbeitet hat (was meist nicht der Fall ist) – sie war gefühlt 60 Stunden in Bereitschaft. In der Krabbelgruppe, beim Einkaufen, im Wartezimmer der Kinderarztpraxis, beim Stillen.

Besonders ungern denke ich an eine Woche in Hamburg zurück. Genau genommen war es ein verlängertes Wochenende. Mein Mann, Malin und ich hatten schon am Mittwochabend bei unseren Freunden dort Quartier bezogen, die 15 Stunden hatte ich Montag bis Mittwoch bereits absolviert und nun wollten wir uns ein paar schöne Tage machen. Unsere Freundin hatte ebenfalls gerade ein Baby bekommen und wir hatten jede Menge Pläne gemacht. Spaziergänge, Landungsbrücken, Museum, Shopping. Am Abend sogar mal schön Essen gehen. Ist ja eine kinderfreundliche Stadt, dieses Hamburg.

In der Retrospektive erinnere ich mich eigentlich nur daran, dass ich ständig drei, vier Schritte hinter den anderen zurückblieb, das Mobiltelefon am Ohr, um die 163. Version irgendeiner Pressemeldung mit dem Automobilkonzernkunden zu besprechen. Malin brüllte lautstark im Quinny, Felder, Landungsbrücken, Shoppingmeilen und Museen zogen an mir vorbei, doch ich hörte nichts, ich sah nichts. Noch vor Freitagabend stand ich kurz vor dem Nervenzusammenbruch. Malin war damals vielleicht vier, fünf Monate alt. Ich ahnte nicht, dass dieser Zustand in den kommenden Jahren zur Gewohnheit werden sollte.

Ich weiß nicht, wie es Ihnen geht, in welchem Job Sie arbeiten. Aber eines steht fest: Ein Teilzeitjob mit Kundenkontakt ist kein Teilzeitjob. Sondern eine Illusion.

Witzigerweise war ich in einem meiner späteren Jobs tatsächlich selber in der Kundenrolle. Und hatte ständig diese permanent gehetzte, hypernervöse junge Frau am Telefon, die versuchte, es mir recht zu machen. Die Dinge sagte wie: „Nein, kein Problem, natürlich kann ich das Freitag fertigkriegen. Da habe ich zwar eigentlich frei, aber ich mach das dann zu Hause am Rechner ... Klar, rufen Sie mich gerne an."

Was soll ich sagen? Ich habe sie angerufen. Und musste mich noch beherrschen, meine Gereiztheit zu unterdrücken, weil das, was ich wollte und brauchte, immer noch nicht fertig war. In regelmäßigen Abständen leiste ich dafür beim lieben Gott Abbitte und geißle mich selbst.

Bei der Working Mom kommt da aber das Phänomen ins Spiel, das ich weiter oben schon angesprochen habe: der Hunger nach Bestätigung eines bestimmten Selbstbildes. Im Kopf der Teilzeit-Mutter klingt das etwa wie folgt: „Oh Gott, ist das unglaublich stressig gerade, aber hey, ich habe das im

Griff. Ich bin eine moderne, toughe Frau. Ich habe eine gute Ausbildung und verdiene schließlich genau so viel wie mein Partner, also, wenn ich Vollzeit arbeiten würde." Oder: „Also, ich stecke in diesem Projekt einfach so tief drin, das kann jetzt echt kein anderer machen, kein Wunder, dass Herr X das nur mit mir besprechen will. Es dauert ja auch nur ein paar Minuten, das ist kein Problem. Oh Gott, hoffentlich ist hier irgendwo WLAN."

Natürlich gibt es dort, wo man gerade ist, in der Regel *kein* WLAN. Und wenn, dann plärrt das Kind – oder man kriegt wieder mal nur die Hälfte dessen, was man eigentlich vorhatte, mit.

Verstehen Sie mich bitte nicht falsch: Es gibt viele Frauen, die in guten Jobs arbeiten, die ihnen Spaß machen, und deshalb setzen sie alles daran, diesen Job möglichst schnell wiederaufzunehmen, nachdem ihr Baby auf die Welt gekommen ist. Das finde ich völlig legitim. Nur die rosa Wattebäuschchen in der öffentlichen Diskussion beziehungsweise Bericht-erstattung – „Ich bin Top-Managerin bei x oder y und ich geniiiieeeeße die Zeit mit meinem Kleinen, wenn ich ihn zweimal die Woche pünktlich von der Krippe abhole und mit ihm Schlitten fahren gehe" – treiben mir die Wutröte ins Gesicht. Ich will damit nicht die Quality-time-Idee an sich schlechtmachen. Es ist eine tolle Sache, seinem Kind oder seinen Kindern auch wirklich seine ungeteilte Aufmerksamkeit zu widmen und zum Beispiel etwas Schönes zusammen zu unternehmen, wenn man endlich mal Zeit hat. Aber – und das ist ein großes ABER – machen wir uns nichts vor: Erstens kommt die Working Mom nicht pünktlich, zweitens ist sie ziemlich erschöpft nach einem laaaangen Arbeitstag und drittens müssen irgendwann auch der Haushalt und tausend andere Dinge gemacht werden, die sich leider nicht von selbst erledigen.

Nun könnte man freilich einwenden: Nur weil du es nicht gebacken gekriegt hast, muss das nicht für alle jungen Mütter gelten.

Ja, das ist vollkommen richtig. Ich muss fairerweise sagen, dass ich einige kenne, die kriegen das tatsächlich hin. In der Regel sind das sehr ehrgeizige und psychisch sehr stabile Frauen mit guten Nerven. Leider kenne ich aber auch viele Frauen – allein in meinem Bekanntenkreis sind es mehr, als ich an zehn Fingern abzählen kann –, die für den Glauben an die Vereinbarkeit von Kindern und Karriere teuer bezahlt haben: mit Burn-out (das gilt vor allem für alleinerziehende Mütter, deren Belastung noch einmal um ein Vielfaches höher ist), mit dem Eingeständnis, dass es nicht geht (und den entsprechenden Konsequenzen), oder einem Leben, in dem an erster Stelle der Job kam, dann das Kind, danach der Haushalt, dann lange nichts und dann, irgendwann, an 364. Stelle erst sie selbst. Nach echter Vereinbarkeit klingt das nicht.

Dabei muss man sagen, dass die Sorgen für Karriere-Mütter noch gering sind, solange das Kind klein ist und von einer Tagesmutter betreut wird. Tagesmütter sind eine tolle Einrichtung. Zwar gibt es nicht genug davon und sie kosten einen im Wesentlichen die Hälfte seines Nettogehalts, aber sie sind wunderbar. Sie lieben Kinder, haben sich genau deshalb diesen Job ausgesucht und bauen eine echte emotionale Beziehung zu dem Kind auf. Das mag für manche Mütter schmerzhaft sein („Ich will zu Aaaaannnaaaaaa!"), aber zumindest kann man in der Regel sicher sein, dass es dem Kind gut geht. Und: Kommt man einmal fünf Minuten zu spät, ist das vielleicht nicht schön, aber kein Beinbruch, schließlich betreuen Tagesmütter ihre kleine Klientel in der Regel bei sich zu Hause, und wenn das Kind mal ein bisschen zu spät abgeholt wird, spielt es eben noch mit dem Hund, während die Tagesmutter Spaghetti für die eigene Brut kocht.

Komplizierter wurde es für mich in der Sekunde, in der Malin ihren ersten Geburtstag feierte und reif für die Krippe war. Die Krippe bot den Vorteil, dass ich meine Arbeitszeit kräftig aufstocken konnte. War Malin bei der Tagesmutter nur 15 Stunden die Woche in Betreuung gewesen, so konnte ich nun wieder 30 Wochenstunden arbeiten. Grundsätzlich kann ich also gar nicht anders, als die Erfindung der Krippe an sich in den höchsten Tönen zu loben. Will eine Frau ernsthaft in den Job zurück, geht es nicht ohne.

Vielleicht muss ich hier einmal erzählen, welch unendliches Glück ich hatte – ganz anders als meine Freundin Katrin, auf die ich gleich noch zu sprechen komme –, als in meinem Viertel eine Krippe gebaut wurde. Ich wohnte fast sieben Jahre neben einem klassischen Kindergarten unter katholischer Trägerschaft. Jeden Sommer freute ich mich, wenn die Kleinen dort im Garten tobten, bemühte mich um Lärmresistenz (mit Erfolg!) und dachte nicht einmal im Traum an eigene Kinder. Als dann plötzlich Malin unterwegs war, geschah es, dass ich, mit vielleicht etwas mehr Interesse als sonst, am Kindergartengebäude vorbeilief und eine Bautafel entdeckte. „Hier baut die katholische Pfarrgemeinde ... blablabla ... eine Kinderkrippe."

Ich rief auf der Stelle bei der Leiterin an und hatte eine Stunde später mehr oder minder meinen Krippenplatz, der obendrein, weil kirchlich finanziert, preislich moderat war. Ich konnte mein Glück kaum fassen.

Katrin, die auch in meiner Stadt wohnt, hatte zu diesem Zeitpunkt ihr zweites Kind bekommen – und für sie stellte das Thema Krippe eine fast unlösbare Aufgabe dar: Sie arbeitete halbtags (!) in der Agentur und begann üblicherweise gegen 9 Uhr. Vorher hatte sie a) zwei Kinder und sich selbst ausgehfertig gemacht, b) das erste Kind im Kindergarten in ihrem Stadtteil abgeliefert, c) das zweite Kind in der privaten Krippe in einem acht Kilometer entfernten Stadtteil abgesetzt (die mehr als 600 Euro kostete!), weil sie in der näheren Umgebung keinen Platz bekommen hatte, Geschwisterkind hin oder her, und war dann d) weitere acht Kilometer in die andere Richtung zur Agentur gefahren. Also, in der morgendlichen Rushhour. Eigentlich hatte sie ihr Tagespensum da schon fast hinter sich. Gegen 14 Uhr machte sie das ganze Spielchen umgekehrt. Als ihr

Mann dann auch noch das Pfeiffersche Drüsenfieber bekam und zu Hause ihre Hilfe brauchte, sah ich sie öfter mit tiefen Ringen unter den Augen.

Ich kann nur sagen: Sie hat sich durchgebissen, ich bin echt stolz auf sie – aber das hätte auch sehr, sehr schiefgehen können.

Dabei ist das der ganz normale, gewöhnliche, ereignisfreie Alltag, wenn alles genau so läuft wie geplant. Und dann gibt es noch diese anderen Tage ...

3

VON WINDPOCKEN UND ANDEREN KLEINIGKEITEN

Eigentlich hätte ich es wissen müssen. Andere Mütter hatten mich darauf hingewiesen, dass das Immunsystem kleiner Kinder am Anfang durchaus delikat sei und sich erst mit der Zeit „entwickle". Was auch bedeutete, dass es an Herausforderungen wachsen musste. Die ersten Erkältungen waren überstanden, die Physiotherapie zweimal wöchent-lich (wegen eines kaiserschnittbedingten Schief-halses) ließen sich auch in den Zeitplan einpassen, die Krippe war toll organisiert, die Erzieherinnen reizend, und als Malin 13 Monate alt war, bekam sie die Windpocken.

Vielleicht zu meiner Entschuldigung: Sie war gegen Masern-Mumps-Röteln geimpft, aber gegen die Windpocken, das hatten wir irgendwie nicht rechtzeitig geschafft, sie war ja gerade erst in die Krippe gekommen, konnte noch nicht einmal laufen – und *schwupp*.

Windpocken sind nun an und für sich eine beherrschbare Krankheit, zumindest, wenn sie so verlaufen wie üblich. Malin fieberte die ersten Tage hoch, ich nahm mir Urlaub und betreute sie, bis es ihr ganz offenkundig besser ging. Nur: Sie war immer noch infektiös. Die Kinderärztin schlug die Hände über dem Kopf zusammen, als ich zu fragen wagte, wann meine Tochter denn wieder in die Krippe gehen könnte. Minimum drei Wochen daheim, völlig klar, bis die kleinen Bläschen vollständig abgeheilt und ausgetrocknet seien, erst dann könne man die Ansteckungsgefahr als gebannt betrachten. Und überhaupt: Das Kind sei noch schwach und ich eine Rabenmutter, dass ich auch nur darüber nachzudenken wagte, das Kind wieder in die Krippe zu schicken.

Die Windpocken dauerten an, die Bläschen wurden beständig mit weißer Flüssigkeit eingepinselt und trockneten aus, nur schien es mir undenkbar, drei Wochen meines (sechswöchigen) Jahresurlaubs zu nehmen, um mein Kind zu betreuen. Die Krippe war tabu.

Mein Leben wäre so viel einfacher gewesen, wenn ich über diese unglaubliche, tolle, einzigartige, ungemein nützliche und eigentlich unentbehrliche Einrichtung verfügen würde: Großeltern. Großeltern, die in der Nähe wohnen. Großeltern, die noch fit sind. Großeltern, die im Notfall einfach mal für ein paar Stunden oder auch für ein paar Tage einspringen können. Aber solche Großeltern haben wir nicht.

Was also tun? Bei meiner verzweifelten Recherche kam mir eine Vermittlungsstelle für Nottagesmütter unter. Nottagesmütter, das klang gut. In Not war ich, eine Tagesmutter brauchte ich, und zwar dalli. Ich rief an, eine sehr nette Frau sagte mir auch, sie würde schnellstens jemanden schicken, der Stundenlohn betrage 14 Euro, weil es sich um eine examinierte Kinderkrankenschwester handelte. Ich schluckte, hatte jedoch keine andere Wahl. Und rechnete: Ich musste um 8 Uhr aus dem Haus und kam frühestens um 16 Uhr zurück, macht 8 Stunden am Tag, 40 Stunden die Woche, 560 Euro die Woche. 1120 Euro für zwei Wochen. Das war mehr als die Hälfte meines Nettogehalts. Aber was blieb mir übrig?

Ich bedankte mich und wartete auf die examinierte Kinderkrankenschwester. Sie kam, sie war sympathisch, Malin liebte sie, ich fühlte mich erleichtert – nur war ich vollkommen pleite. Überflüssig zu erwähnen, dass ich in der Arbeit unkonzentriert war, wenig schaffte und einmal pro Stunde zu Hause anrief, um mich nach dem Befinden der kleinen Patientin zu erkundigen. Und wissen Sie, warum? Weil es mein Kind war, und nicht das der examinierten Kinderkrankenschwester.

Übrigens ist das ein Phänomen, das mich immer wieder fasziniert. Die gesamte Öffentlichkeit ist der festen Überzeugung, Vereinbarkeit von Beruf und Familie sei in der Sekunde kein Problem mehr, in der es genug qualifizierte Betreuungsplätze gebe. Deswegen werden Kinderkrippen gebaut und Erzieher und Erzieherinnen gesucht. Das ist super. Wirklich – ich finde das ungemein hilfreich. Ich sehe die Millionen erleichterter Mütter vor mir, die alle endlich wieder ihrer Arbeit nachgehen können und deren Brut „verräumt" ist. Nur das, was oben angesprochen wurde, sollte man dabei eben nicht vergessen: Es sind die Kinder der Mütter, und nicht die der Krippenerzieherinnen. Oder hat man schon mal von einer Mutter gehört, die nach einem Zehn-Stunden-Tag zur Tür hereinkam und von ihrem Kleinen bestürmt wurde, sich doch ganz schnell das tolle Bild anzusehen, das er am Nachmittag gemalt hatte, und die dann zu ihm gesagt hätte: „Du, das ist sehr schön, zeig es doch bitte morgen früh der Erzieherin in der Krippe." Oder die in der Nacht von der kleinen Tochter geweckt worden wäre, die gaaanz furchtbare Bauchschmerzen hat, und ihr gesagt hätte: „Du, das tut mir leid, der Erzieher macht dir morgen gleich eine schöne Wärmflasche."

Sie verstehen, was ich meine? Nein, sagen Sie nichts, ich weiß, das klingt reaktionär. Ich darf Ihnen versichern, ich bin alles andere als eine „Frauen gehören an den Herd"-Mutter. Nur hat die Verlogenheit der öffentlichen Debatte ein Ausmaß angenommen, das kaum zu ertragen ist. Und wer es wagt, das Idealbild der Karriere-Mom infrage zu stellen, wird eben genau in diese Ecke gestellt, denn schließlich kann nicht sein, was nicht sein darf.

Vielleicht ist das der ideale Moment, um Sie mit Marguerite bekannt zu machen. Marguerite ist eine bemerkenswerte Frau (ja, ich kenne mehr von dieser Sorte). Marguerite hat einen Doktor in Psychologie, spricht fünf Sprachen fließend und engagiert sich neben einem Vollzeitjob im Wissenschaftsmanagement für Frauenrechte.

Als sie schwanger war und mir sagte, wann sie in den Job zurückkommen wollte – Vollzeit, versteht sich, sagte ich nur: „Marguerite, ehrlich, überleg dir das gut. Gib dir doch ein bisschen Zeit."

Da lächelte Marguerite mich an und meinte: „Vielen Dank, ich habe deinen Rat zur Kenntnis gekommen. Wenn ich weitere Ratschläge brauche, werde ich es dich wissen lassen."

Ich erinnere mich noch gut, dass ich damals unheimlich verletzt war, weil ich es nur gut gemeint hatte. Immerhin war sie eine Freundin und ich wollte vermeiden, dass sie ebenfalls blind in die Vereinbarkeitsfalle tappte. Aber ich beherrschte mich, ließ mir meinen Ärger nicht anmerken und dachte: „Vielleicht kriegt sie es ja hin. Schließlich geht es mich nichts an, es ist ihre Sache, wie sie ihr Leben gestaltet."

Es gibt keinen widerlicheren Satz als „Ich hab es dir ja gleich gesagt", und deshalb würde ich mir lieber die Zunge abbeißen, als ihn auszusprechen. Aber er lag mir doch auf eben jener Zunge, als Marguerite sich nach der Geburt ihres Sohnes zunächst mal von ihrem Mann trennte, der sich von ihr von hinten bis vorne verhätscheln ließ und der nie einen Finger für die Familie gerührte hatte, weil er angeblich chronisch krank war. Kaum hatte Marguerite ihn verlassen, war auch die chronische Krankheit verflogen und Jerome konnte wieder in vollem Umfang am Leben teilhaben. Nur arbeiten konnte er natürlich noch nicht, weswegen er weder Unterhalt für Marguerite noch für den kleinen Felix bezahlte. Marguerite hatte also a) einen kleinen Felix, b) einen Vollzeitjob, c) eine Miete zu bezahlen, d) eine Tagesmutter zu entlohnen und e) einen Riesenschnauzer spazieren zu führen.

Es dauerte nicht lange, da wurde Marguerite krank. Sie konnte nicht mehr arbeiten, bekam schwere Depressionen, zitterte, konnte nicht mehr schlafen und wurde in eine Akutklinik eingewiesen. Mehr als sechs Monate fiel sie im Job aus und es dauerte über ein Jahr, bis sie wieder richtig auf die Beine kam.

Eine tragische Geschichte – aber warum erzähle ich sie Ihnen? Ganz einfach: Das Leben arbeitender Mütter – insbesondere dann, wenn sie Vollzeitjobs und/oder Führungspositionen haben – ist immer auf Kante genäht. Es kann funktionieren, gerade mal so eben, mit Plan A und Plan B, solange nichts wirklich Unvorhergesehenes passiert. Bei Marguerite war das die (wirklich notwendige, aber eben ungeplante) Trennung von ihrem parasitären Mann. Natürlich könnte man sagen, dass die Trennung für Marguerite ein Glück war. Jerome war ein Klotz am Bein gewesen, jemand, der sie mehr behindert als unterstützt hatte, der sich für sein Kind kaum interessierte und keinen Finger rührte, um zum Gelingen seiner Familie beizutragen. „Good riddance", würde also der Engländer sagen: „Sei froh, dass du ihn los bist."

Richtig. Nur er war ein Klotz am Bein, den Marguerite EINGEPLANT hatte, zumindest für die zwei Nachmittage, die er einfach nur bei Felix zu

Hause sein sollte. Was er nun natürlich nicht mehr war. Und schon brach Marguerites tolles Konstrukt zusammen wie ein Kartenhaus.

Als meine andere Kollegin Christina ihre Tochter bekam, sagte ich ihr das Gleiche wie Marguerite. Sie hörte zumindest zu. Und als sie nach einem Jahr – einem Jahr (!) – zurückkommen wollte und man ihr keinen passablen 25-Stunden-Job anbieten konnte, der es für sie lohnend gemacht hätte, jeden Tag eine Stunde einfach zu pendeln, tat sie – sorry an alle Geschlechtsgenossinnen, die sich, wie ich auch, durchgekämpft haben – das meiner Meinung nach einzig Richtige: Sie wurde schwanger mit Nummer zwei. Nun ist an Job im Moment nicht mehr zu denken, mit zweien ist das nicht drin und es macht auch nichts, denn ihr Mann verdient genug, um die Familie zu ernähren, bis der Nachwuchs aus dem Gröbsten raus ist.

Klingt das bissig? Missgünstig gar? So ist es nicht gemeint. Die Kollegin hat irgendwann ganz pragmatisch entschieden. Nur weil ich selbst einen anderen Weg gegangen bin, brauche ich jetzt nicht andere um ihren Pragmatismus zu beneiden.

Stattdessen möchte ich gedanklich zurückkehren zu dem Tag, als Malin plötzlich hustete. Nun ist Husten nichts Besonderes, das kommt bei kleinen Kindern häufig vor, ein bisschen Majoranbutter auf die Brust gestrichen, ein bisschen Inhalieren, ein bisschen Bettruhe, schon ist es wieder gut. In diesem Fall versagte die bewährte Taktik allerdings: Malins

Bronchitis wuchs sich zu einer Lungenentzündung aus, das Fieber stieg auf über 40 Grad und mein Mann und ich landeten panisch mit der Kleinen in der Notaufnahme des Klinikums.

Dort waren sie alle unheimlich nett zu uns. Wir sollten uns keine übertriebenen Sorgen machen, dies käme häufiger vor, gerade im Moment hätte man viele Kinder mit Lungenentzündung stationär, das kriege man üblicherweise schnell in den Griff. Allein, Malin sollte zwecks Beobachtung und intravenöser Antibiotika-Gabe bis auf Weiteres in der Klinik bleiben. Natürlich könne ein Elternteil immer mit dabeibleiben, kein Problem. Die Krankenkasse übernehme selbstverständlich das zusätzliche Bett im Kinderkrankenzimmer.

So weit, so gut. Ich muss eines dazu sagen: Die Entscheidung, wer beim Kind im Krankenhaus bleibt, war nicht einfach. Es war keineswegs klar, dass ich Malin Gesellschaft leisten würde, mein Mann wäre sofort auch selbst geblieben. Nur musste er tatsächlich zu irgendeiner Messe, während ich zwar Projekte, aber keine Messeaufenthalte auf der Agenda hatte. Das gab den Ausschlag. Mir wurde ein Bett in Malins Zimmer gestellt.

Mit Malin zusammen wurde noch ein anderes kleines Mädchen eingeliefert, ebenfalls mit Lungenentzündung. Da sie mehrere (kleinere) Geschwister hatte, die ihre Mutter brauchten, wurde in diesem Fall dem Vater die Begleiterrolle zugeteilt. Wir begrüßten uns freundlich, aber ein bisschen verlegen, zogen uns, sobald alles dunkel war, die Jogginghosen an – für einen Schlafanzug genierten wir uns dann doch zu sehr – und teilten uns das Zimmer mit unseren zwei kranken Töchtern.

Sie haben völlig recht: An tausend Orten dieser Erde nehmen Eltern ganz andere Entbehrungen für ihre Familie auf sich, sie bangen um das Leben ihrer Kinder oder ihrer Verwandten, sie leben ohne medizinische Versorgung, ohne ein Dach über dem Kopf. Ich bin – wie wir alle – in der unglaublich privilegierten Situation, in die westlichen Zivilisationen hineingeboren zu sein. Und dafür bin ich unendlich dankbar. Aber ich muss auch zugeben, dass ich am nächsten Morgen wie gerädert und meine Energie, um 9 Uhr in der Agentur mit vollem Einsatz einen Pitch vorzubereiten, ein ganz klein bisschen eingeschränkt war.

Wie so oft war Heidi das Verständnis selbst. „Kein Problem", erklärte sie, „der Pitch ist doch auch erst am Donnerstag, da haben wir noch jede Menge Zeit."

„Ja, schon", antwortete ich, ein bisschen verzweifelt. „Aber Malin muss bestimmt noch diese Woche bleiben, die Ärzte haben gesagt, sie darf erst raus, wenn die Blutwerte wieder passen und das Fieber deutlich gesunken ist."

„Hm", meinte Heidi. „Jetzt schauen wir mal. Das wird schon."

Sie merken: Es war nicht Heidis Schuld. Es war meine eigene. Dieser Kundenpitch war für die Agentur enorm wichtig. Die wirtschaftliche Lage war in letzter Zeit etwas angespannt, ein großer Auftrag hätte eine massive Entlastung bedeutet – und mir war immer klar gewesen (auch, weil Heidi dies jederzeit transparent kommuniziert hatte), dass ich das Doppelte meiner Kosten für den Arbeitgeber erwirtschaften musste, um rentabel zu sein. Also hatte ich das Gefühl, in der Pflicht zu stehen.

Am Spätnachmittag kehrte ich zurück in die Klinik, kümmerte mich um Malin, sah mit unglaublicher Erleichterung, dass das Fieber sank, und als am Abend überall auf der Station das Licht ausging, bat ich die Schwestern, mich mit meinem Laptop ins Stationszimmer setzen zu dürfen, weil dies der einzige Ort auf dem Flur war, an dem Licht brannte. Sie gestatteten es mir natürlich und schüttelten den Kopf, als sei irgendetwas mit mir nicht ganz richtig.

An drei bis vier aufeinanderfolgenden Abenden (an denen Malin zum Glück mehr und mehr gesundete) bereitete ich einen exzellenten Pitch vor, den wir schließlich auch gewannen. Puh. Existenz gesichert, dachte ich mir. Und für eine Weile war alles im grünen Bereich. Malin war wieder fit, wir durften die Klinik verlassen, Heidi umarmte mich, wir feierten und ich fühlte mich gut. Richtig gut. Ich hatte es geschafft. Ich war genau so toll, wenn nicht sogar toller als all die „role models". *Kinder, das war vielleicht ein Ding, als ich damals im Krankenhaus den Pitch vorbereitet habe, während Malin mit Lungenentzündung ... mein Gott, war das anstrengend. Aber ich halte nichts von diesem Gejammer und dem ständigen: „Das Kind ist krank." Schließlich bin ich keine von diesen Teilzeit-Müttern ...*

Na ja, ich glaube, mehr brauche ich Ihnen nicht zu

sagen. Ich könnte höchstens noch einen Spruch klopfen, nämlich: Hochmut kommt bekanntlich vor dem Fall.

Im Wesentlich klappte erst mal wieder alles prima. Ich macht einen guten Job, immer noch. Mein Kind wuchs und gedieh. Mein Mann war äußerst verständnisvoll und zum Glück selbstständig, sodass er immer mal wieder einspringen konnte. Nur war er leider auch sehr viel unterwegs, oft wochenlang auf Messen oder Außenterminen. Und dann konnte er kein bisschen einspringen. Aber das Konzept der Nottagesmutter hatte ich ja schon kennengelernt, und ich lernte viele, viele Nottagesmütter kennen.

Ich muss dazu sagen: Wir hatten immer Glück. Es gab eine unheimlich liebe ältere Dame aus Ungarn, die unsere Tochter total ins Herz geschlossen hatte. Sie machte immer Fotos, wenn sie Malin betreute, die sie dann für uns entwickeln ließ. Leider war sie schwer lungenkrank und ich vermute, sie hörte deshalb irgendwann damit auf, als Nottagesmutter für die Zentrale zu arbeiten. Doch auch die nette Frau aus Wien, die auf die Ungarin folgte, hatte Malins Vertrauen gewonnen. Sie kam wirklich oft und ich war kurz davor, ihr einen festen Job als Haushälterin anzubieten, als sie einfach verschwand. Sie meldete sich nicht mehr in der Agentur, unter ihrer Telefonnummer war keiner mehr zu erreichen und niemand wusste, wo sie abgeblieben war. Ich nehme an, sie ist nach Wien zurückgegangen, aber natürlich weiß ich nichts Genaues. Malin war sehr enttäuscht. Die Nachfolge traten verschiedene junge Frauen an, alle unheimlich nett. Nadine, die Sozialpädagogik studierte, Laura, die Schneiderin lernte und dann selber ein Kind bekam. Und Sandra, die keine Lust mehr hatte, im Callcenter zu arbeiten.

Aber das ist doch toll, werden Sie sagen, das ist doch ein großes Glück, dass ich immer wieder jemanden gefunden habe, der mir aus der Patsche helfen konnte. Und das stimmt auch. Andererseits muss man bedenken, dass wir keine dieser Frauen am Anfang näher kannten. Und es war ein seltsames und nicht unbedingt gutes Gefühl, unser Kind einer mehr oder minder Fremden zu überlassen, über die man kaum etwas wusste. Man überlässt ihr den Schlüssel, das Haus und vor allem sein ein und alles: sein Kind, in unerschütterlichem Gottvertrauen.

Im Übrigen war das die Zeit, in der ich zu der Überzeugung kam, dass wirklich die meisten Menschen gut und ehrlich sind. Anders hätte ich die Situation freilich auch nicht ertragen.

Vielleicht wäre das der richtige Moment, um auf George zu sprechen zu kommen. Bevor ich das tue, muss ich Ihnen etwas gestehen: Ich liebe Männer. Sie sehen gut aus, sie sind stark und mutig, sie ziehen mich erotisch an, sie haben Stärken, die wir Frauen nicht haben. Ich muss das sagen, damit Sie mir glauben, dass ich nicht etwa ein grundsätzliches Problem mit Männern habe. Mein eigener Mann ist wirklich toll (trotz all seiner Schwächen, die ich mit so viel Gelassenheit wie möglich akzeptiere), und auch sonst lerne ich immer wieder wunderbare Vertreter dieser Spezies kennen. Allerdings muss ich auch konstatieren: Die Anzahl an Armleuchtern unter ihnen ist unvergleichlich hoch.

George ist einer von ihnen. Man möchte es nicht glauben, dass eine Frau wie Heidi auf einen Mann wie ihn hereinfallen konnte. George war Australier und in Australien so etwas wie SAP-Berater oder Coach für Unternehmensprozesse oder was auch immer gewesen. So ganz genau ließ sich das nicht nachverfolgen. Es spielte auch keine Rolle: Jetzt war George in Heidis Leben getreten und hatte sie davon überzeugt, die Geschäfte ihm zu überlassen. Dies war vielleicht insofern nachvollziehbar, als Heidi kurz zuvor eine schlimme Diagnose erhalten hatte: Ihre Gebärmutter musste mitsamt einem bösartigen Tumor entfernt werden und die Ärzte bestanden – völlig zu Recht – darauf, dass sie kürzertreten solle. Und so war es keine völlige Überraschung, dass sie alles mehr und mehr an George delegierte, um selbst wieder zu Kräften zu kommen.

Nun könnte man sagen, dass der liebe Gott Heidi einen Schutzengel geschickt hatte, der ihr in dieser schwierigen Zeit zur Seite stehen sollte. Nur war dieser Schutzengel – was Heidi nicht wusste – Luzifer in Person. Heute glaube ich, er hasste Frauen generell. Er wollte sie beherrschen, sie schwach sehen, abhängig, in Not. Das klappte bei einer Kategorie Frauen in der Agentur besonders gut: bei Müttern.

Sie müssen eines wissen: Zeit meines Lebens war

ich ein Mensch, der zu intensiver Selbstreflexion neigt. Geht etwas schief, suche ich die Schuld ... bei mir. Ich verteidige alle Menschen, ihre Motive, ihre Schwächen, selbst ihre Grob- und Gemeinheiten. In meinem Weltbild ist es ausgeschlossen, dass die anderen falsch liegen und ich richtig. Dass die anderen vielleicht ganz schlicht und ergreifend im UNRECHT sind. Und ich im Recht. Das mag an meiner Erziehung liegen oder an irgendeiner genetischen Disposition, ich weiß es nicht und habe es auch nie wirklich hinterfragt. Feststand jedoch deshalb: Ich war ein leichtes Opfer.

Nachdem George zwei andere Mütter so lange mit permanenter Kritik zermürbt hatte, dass sie in der Elternzeit (!), also aus einer unkündbaren Stellung heraus, freiwillig gingen, fiel sein Blick auf mich. Dass er Heidi öffentlich in der Agentur anbrüllte, Stühle nach ihr warf, war die eine Sache. Dass er die Mitarbeiterinnen schikanierte, die andere.

Nachdem ich in seinen Fokus geraten war, endeten bis auf Weiteres meine vergnüglichen Tage im Job. Er überwachte mich ständig, stand unvermittelt hinter mir, um mir beim E-Mail-Schreiben über die Schulter zu gucken, verlangte, bei jeder Kundenkorrespondenz in Kopie gesetzt zu werden – nicht ohne mich nach jedem Mailwechsel für irgendetwas zu rügen, was ich aus seiner Sicht falsch formuliert hatte. Immer wieder tauchte er wie aus dem Nichts an meinem Schreib-tisch auf, packte mich im Nacken wie ein Kaninchen und redete auf mich ein, um mir zu sagen, was ich zu tun hatte.

Ich kann das abkürzen. Es dauerte nicht lange, da fingen meine Knie zu zittern an, wenn ich nur die Treppenstufen betrat, die zu den Büroräumen der Agentur im Dachgeschoss führten.

Es kam der Moment, an dem sich alles in mir sträubte, doch erst während meines Sommerurlaubs an der Ostsee wurde mir durch den Abstand richtig bewusst, dass es so nicht mehr weiterging. Ich sprach mit meinem Mann und wir wurden uns schnell einig: Ich würde kündigen. Irgendwie kämen wir schon über die Runden. Es war mir schnurzpiepegal, was beruflich mit mir passieren würde. Mir war nur klar, dass ich nicht ein einziges Mal mehr die Agentur betreten würde, solange ich dort Gefahr lief, George zu begegnen. Also schrieb ich einen Brief an Heidi. Meine Kündigung. Bevor ich ihn abschickte, rief ich Heidi an, um ihr mein Motiv zu erklären. Ich wollte nicht, dass meine Kündigung sie unvorbereitet traf – das war ich ihr schuldig, fand ich.

Sie schwieg lange am anderen Ende der Leitung. Dann sagte sie: „Ich habe George rausgeschmissen. Aus der Agentur. Und aus meinem Leben."

Ich weinte. Zum einen aus Freude und Erleichterung, aber auch deshalb, weil nun offenkundig war, dass es eben doch nicht an mir lag. Sondern an ihm. Heidi hatte ihn all die Zeit beobachtet, hatte gesehen, wie er mit ihrem Team umging. Und hatte schließlich die Konsequenzen gezogen. Zum Glück ging es ihr da gesundheitlich schon einiges besser, sodass sie wieder in der Lage war, die Geschäfte selbst zu führen.

Insofern war alles in bester Ordnung. Ich weigerte mich nicht mehr, die Agentur zu betreten, sondern ging wieder gern in die Arbeit. Auch wenn ich bis heute Situationen erlebe, in denen ich plötzlich an einer Tankstelle einen dieser alten Mercedes SE 300 an eine Zapfsäule fahren sehe und mein Herz unvermittelt anfängt zu rasen, weil ich jeden Moment erwarte, ER könnte aussteigen, George, und mir die Hand in den Nacken legen ...

Vorbei. Ich wollte mich von den schlimmen Erinnerungen nicht lähmen lassen. Wollte wieder voll leistungsfähig sein. Eine Superpowerfrau und Mutter, die Familie und Karriere spielend und mit links ... aber das kennen Sie ja schon.

Bis ich plötzlich, unvermittelt und aus heiterem Himmel, Kopfschmerzen bekam. Kopfschmerzen, wie ich sie noch nie zuvor in meinem Leben gehabt hatte. Kopfschmerzen, die so wahnsinnig waren, dass kein herkömmliches Schmerzmittel sie auch nur ansatzweise zu dämpfen vermochte. Kopfschmerzen, die mich heulen und schreien ließen, die nicht nachließen und die vor allem völlig ausschlossen, dass ich mein Kind selbst versorgte. Es war Winter, Januar, glaube ich. Die Kopfschmerzen waren zuerst einmal in der Agentur aufgetreten, so gegen Vormittag, und nachdem ich eine Schmerztablette genommen hatte, die nicht half, schickte Heidi mich mittags nach Hause. Mir war schnell klar, dass ich zum Arzt musste. Solche Kopfschmerzen ... das war ein Alarmzeichen.

Der Hausarzt: ratlos.

Der HNO: ratlos.

Die Diagnosen, die im Raum standen, waren der reinste Horror. Tumor oder Cluster-Kopfschmerz waren die Vermutungen. Beides eine Katastrophe, am einen starb man und beim anderen brachten sich viele Patienten vor Verzweiflung selbst um. Vor Panik fuhr ich mein Auto zu Schrott.

Die Schmerzen dauerten an. Und so lief ich bald darauf in Ermangelung eines eigenen Gefährts mit dem Kinderwagen zur S-Bahn, mitten durchs Schneetreiben, auf dem Weg zum MRT. Malin schrie, ich weinte gegen den Wind an, die Tränen gefroren fast auf meinen Wangen und ich verfluchte diese ganze, gottverdammte Welt. Sie brauchen sich nicht zu beunruhigen: Ich hatte Glück. Kein Tumor, kein Cluster-Kopfschmerz. Sondern eine Stirnhöhlenentzündung, die sich mit einem Antibiotikum und Kortison innerhalb von zwei Wochen gut in den Griff bekommen ließ.

Erwähnte ich, dass ich mich in all der Zeit, die das dauerte, nicht mehr als zwei, drei Tage krankmeldete? Ich wusste sehr wohl, dass Heidi eine Chefin war, die Mütter gezielt unterstützte. Aber gerade deshalb wollte ihr keinen Kummer machen und ihre Gutmütigkeit nicht ausnutzen, sondern ihr zeigen, dass ich es draufhatte.

Ich weiß nicht, ob Sie sich an eine Situation erinnern, in der Sie selbst und Ihr Kind gleichzeitig krank waren? Es bringt einen an den Rand der Leistungsfähigkeit. Mittlerweile leite ich selbst eine Abteilung mit etwas über 20 Mitarbeiterinnen und Mitarbeitern. Da ist diese Kollegin, die sehr häufig krank ist. Sie arbeitet halbtags und macht eigentlich einen guten Job. Dennoch hat sie viele, viele Minus-Stunden, die sie immer wieder verzweifelt versucht nachzuholen und hereinzuarbeiten. Von einem Kollegen weiß ich – im Vertrauen, versteht sich! –, dass sie sich selbst krankmeldet, wenn ihr Kind krank ist, denn eigentlich hat sie nur zehn Tage gesetzlichen Sonderurlaubsanspruch für ein krankes Kind und auch das nur unter bestimmten Voraussetzungen. Nur dass gerade zu Beginn in der Krippe oder im Kindergarten die Krankzeiten der Kinder häufig die der vorgesehenen Sonderurlaubstage überschreiten. Sagen Sie mir ehrlich: Was soll ich tun? Was die Frau macht, ist nicht in Ordnung. Sie lädt ihre familiäre Situation auf den Schultern der Kolleginnen und Kollegen ab, die ihre Arbeit mit übernehmen müssen – oder es wird eben nicht erledigt, bis sie wieder zurückkommt. Soll ich sie ansprechen? Zur Rechenschaft ziehen? Ich habe bislang nichts gesagt, weil ich ihre Situation nur zu gut verstehe. Aber: Eigentlich müsste ich ...

Trotzdem ist ihre Situation noch vergleichsweise harmlos und mir ist völlig klar, dass ich und die Kollegin in einer privilegierten Situation sind. Wenn schon eine Middle-Class-Working-Mom mit einem Kind mit solchen Schwierigkeiten zu kämpfen hat, wie viel größer ist dann die Herausforderung für größere Familien oder solche, die trotz Doppelverdienertum am Existenzminimum leben?

Eine der wichtigsten Erkenntnisse aus den Jahren mit fast Vollzeitjob und Kleinkind war für mich: Es darf nichts schiefgehen. Läuft alles nach Plan, lässt sich der Alltag gerade noch bewältigen. Doch schon die geringste Unwägbarkeit kann das Chaos auslösen. Weil es keinen Plan B gibt. Zumindest keinen, der auch über einen längeren Zeitraum hinweg tragfähig wäre. Im Gespräch mit vielen Freundinnen habe ich mir Gedanken gemacht, wie es gelingen könnte, dieser Chaosfalle zu entkommen. Wir werden später noch darauf zu sprechen kommen. Doch vorher sollte sich mein Leben noch einmal ganz gewaltig ändern.

4
DIE HOMEOFFICE-LÜGE

Als Malin drei Jahre alt wurde, endete offiziell mein Anspruch auf Elternzeit und damit auf einen Teilzeitjob. Ich wollte und musste wieder Vollzeit arbeiten. Bliebe ich unter meinem bisherigen Bruttoeinkommen, müsste ich zum Beispiel die Krankenkasse wechseln und außerdem hatten wir mittlerweile ein Haus gekauft, das abbezahlt werden wollte. Ich ging also zu Heidi und eröffnete ihr, ich wolle wieder Vollzeit arbeiten. Heidi, grundsätzlich erfreut, gestand mir ehrlich, die wirtschaftliche Situation ließe im Moment eine zusätzliche Vollzeitkraft finanziell nicht zu.

Das brachte mich kurzzeitig ein bisschen aus dem Konzept. Doch wenn es eine wichtige Erkenntnis gibt, die ich auch Ihnen mitgeben will, dann ist es die: Niemand hat immer nur Pech. Eigentlich ist es sogar anders herum – häufig fügen sich die Umstände durch reinen Zufall so glücklich, dass man es so gut nicht hätte planen können. Und so tat sich auch in meinem Leben eine Alternative auf: Eine meiner Kolleginnen aus der Agentur hatte kurz zuvor zu

41

einem großen Konzern gewechselt und dort wurden noch PR-Leute gesucht, allerdings auf freiberuflicher Basis. Vollzeit.

Meine Kollegin vermittelte mir ein Treffen mit dem Kommunikationschef, wir waren uns schnell einig. Ich kündigte mit einem weinenden und einem lachenden Auge bei Heidi und machte mich selbstständig, um für meinen neuen Kunden, den großen Konzern, zu arbeiten. Und natürlich noch für ein, zwei andere Auftraggeber, schließlich wollte ich nicht in den Ruch der Scheinselbstständigkeit kommen.

Es begannen zwei, drei wirklich gute Jahre. Ich arbeitete viel und hart, aber mit jeder Menge Freiheit. Ich war physisch im Headquarter des Konzerns, wenn nötig, und weil die Fahrt dorthin zur Stoßzeit mehr als eine Stunde dauerte, war ich im Homeoffice, wann immer möglich. Ich brachte Malin um spätestens halb neun Uhr in den Kindergarten und konnte ganz easy meine acht Stunden gearbeitet haben, bevor ich sie – Punkt 17 Uhr – wieder abholen musste. Ich brauche nicht zu erwähnen, dass wir den Kindergartenplatz deshalb erhalten hatten, weil unsere Tochter bereits Krippenkind in dieser Einrichtung war ... aber man darf ja auch mal Glück haben. Ups, sehen Sie: schon wieder Glück.

Ich werde später noch einmal auf das Thema Selbstständigkeit zu sprechen kommen – aber Sie ahnen es schon: Es ist eine echte Option.

Freilich endete auch diese unkomplizierte Zeit viel zu früh und letztlich nicht unerwartet. Im Großkonzern gehört es quasi zum guten Ton, dass alles ständig im Fluss ist. Und das bedeutet, es kann sich alles von einem Tag auf den anderen ändern.

Die Struktur des Konzerns wandelte sich, neue Vorstände übernahmen das Ruder. Die Kolleginnen und Kollegen reagierten wenig geschockt und sehr gelassen, es war nichts Neues für sie. Doch ich war Freelancer. Und zum ersten Mal kamen die Rahmenverträge nicht mehr pünktlich und lückenlos im Halbjahresrhythmus.

Eines schönen Novembertages geschah es, dass ich bereits sechs Wochen lang ohne Rahmenvertrag war. Ich hatte einfach weitergearbeitet, zuversichtlich, die gewünschte Vereinbarung werde schon kommen. Doch der zuständigen Unternehmensvertreterin gelang es nicht, rechtzeitig mein Anschlussengagement beizuschaffen. Verzögerungen, prioritäre Meetings, der Vorstand hatte ganz andere Dinge im Kopf. Wusste ich alles. Nur musste ich Geld verdienen. Und so geriet ich in Versuchung, meine Selbstständigkeit zu beenden, als mir die Deutschland-Marketingchefin des Konzerns eine Festanstellung in der Deutschland-Organisation anbot. Einen Traumjob. Ein fantastisches Gehalt, Homeoffice, einen Dienstwagen, regelmäßige Meetings per Telefonkonferenz, persönliche Treffen einmal im Quartal und nach Bedarf.

Noch heute, acht Jahre später, denke ich fasziniert daran zurück, wie gut alles lief. Auch ohne uns täglich zu sehen, arbeiteten wir perfekt zusammen. Und zwar, weil die komplette Organisation über ganz

Deutschland verteilt war. Ich habe seitdem viele Meetings via Skype oder ConfCalls erlebt – sie sind immer dann erfolgreich, wenn ALLE (oder zumindest viele) der Teilnehmer nur virtuell dabei sind. Befinden sich zehn Leute in einem Konferenzraum und du bist als Einziger per Skype zugeschaltet: vergiss es. Die Hälfte der relevanten Information wird nonverbal, über Blickkontakt und zwischen den Zeilen stattfinden. Und du bist raus.

Damals freilich waren wir alle virtuell zugeschaltet. Es lief bombastisch. Ich arbeitete im Wesentlichen im Homeoffice und fuhr nur dann, wenn ich das Bedürfnis nach Austausch von Angesicht zu Angesicht hatte, ins Headquarter am anderen Ende der Stadt. Ich verdiente richtig, richtig gut. Ich konnte zum ersten Mal monatlich einen gewissen Betrag sparen. Ja, ich bin da vielleicht ein bisschen konservativ, aber es tut gut, zu wissen, dass man mal eben einen vierstelligen Betrag auf den Tisch legen kann, wenn der Heizungskessel den Geist aufgibt.

Eines ist dabei ganz wichtig: Die Lasten in einer Familie müssen, im Großen und Ganzen, gleich verteilt sein. Ich arbeitete viel, ich arbeitete hart. An Tagen, an denen ich im Büro war, kam ich nicht vor 21 Uhr nach Hause. Und da ich schon um halb sieben das Haus verließ, war an solchen Tag in vollem Umfang mein Mann für Malin zuständig. Er brachte sie in den Kindergarten, er holte sie ab, er kochte für sie, er brachte sie zu Bett. Aber an den Tagen, an denen ich NICHT im Büro war, konnte ich das voll übernehmen – und so waren die Aufgaben mehr oder weniger gerecht verteilt. Deshalb gab es wenig Streit, niemand fühlte sich übervorteilt, der Laden lief.

Dann passierte etwas, was eigentlich vorhersehbar hätte sein müssen angesichts der ständigen Zyklen in Großunternehmen: Nach einer Phase der Dezentralisierung schlug das Pendel wieder in Richtung Zentralisierung aus. Alle Services wurden ins Headquarter verlagert. Auch ich. Und plötzlich war ich Teil des internationalen Corporate Communications Teams und hatte eine neue Chefin. Wir mochten uns auf Anhieb. Was ich nicht wusste: Sie war verrückt.

„Verrückt?", werden Sie sagen. „Das ist doch mit Sicherheit ein bisschen übertrieben." Und vielleicht haben Sie recht. Verrückt ist relativ. Möglicherweise bin ich zu streng. Und natürlich neige ich auch ein wenig zum Drama. Doch eines steht fest: Teil des Headquarters eines internationalen Konzerns zu sein, ändert alles. Schwupp, wurde die sinnvolle Erfindung des Homeoffice´ quasi zur Arbeitszeit-Todesfalle.

Man muss dazu wissen, dass solche Großkonzerne mit ihrem Business quasi alle Zeitzonen der Erde abdecken. Der erste Conference Call (mit Japan) musste spätestens morgens um 8 Uhr stattfinden, schließlich war auf der anderen Seite des Globus´ schon gleich der Arbeitstag zu Ende. Und die letzte Telefonkonferenz war am Abend terminiert, denn zu der Zeit trudelten im Silicon Valley erst die Leute im Büro ein. Und damit waren 24 Stunden ruck, zuck verplant.

Und da bin ich wieder bei meinem Beispiel von der 15-Stunden-Teilzeit-60-Stunden-Erreichbarkeits-Mom mit Kundenkontakt. Nur dass daraus jetzt eine 40-Stunden-120-Stunden-Erreichbarkeits-Mom geworden war. Aber es war ja alles gut, ich konnte schließlich von zu Hause arbeiten. Die Kleine vom Kindergarten holen. Notfalls auch mal mit ihr zum Kinderarzt fahren und die Zeit später hereinholen. Mit anderen Worten: Es begann die Homeoffice-Lüge.

Fakt war nämlich: Ich konnte nichts von alledem. Holte ich die Kleine, schickte ich sie möglichst schnell zum Spielen in ihr Zimmer oder setzte sie manchmal sogar (aua! Tod und Verderben über mich!) vor den Fernseher, um beim Conference Call keine Störung im Hintergrund zu haben. Statt mich mit Malin auseinanderzusetzen und ihr nicht nachzugeben, wenn sie Schokolade, mein Handy, die Fernbedienung oder was auch immer wollte, ging ich den Weg des geringsten Widerstandes. Ich hatte keine Kraft, mich mit ihr zu streiten, während ich gerade im Homeoffice arbeitete. Und unter dem Strich war Malin zwar zu Hause, aber sie war nicht betreut. Sie war verstaut.

Es hätte trotzdem alles halbwegs gut gehen können – zumindest an der Oberfläche. Aber ich sagte ja: Meine Chefin war verrückt. Ich glaube immer noch – oder zumindest hoffe ich es –, dass sie einfach eine Ausnahme war, eine arme, sehr kranke, sehr behandlungsbedürftige Frau, der nicht klar war, welchen Schaden sie anrichtete. Denn würde ich etwas anderes annehmen, müsste ich Maßnahmen ergreifen. Müsste sie anzeigen, zur Verantwortung ziehen wegen psychischer Grausamkeit. Meinen Marketing-vorstand wegen exzeptionell schlechter Menschen-kenntnis. Und den ganzen Konzern wegen massiven Verstoßes gegen sämtliche Menschen- und Arbeit-nehmerrechte der Welt. Wie gesagt: Ich bevorzuge zu glauben, es war ein unglücklicher Zufall, der sich so in keinem anderen Konzern und in keiner anderen Konstellation wiederholen könnte.

Meine Chefin – ich nenne sie Yvonne – war eine attraktive Endvierzigerin mit einem Talent zum großen Auftritt. Um diese großen Auftritte vorzubereiten, brauchte sie ihr subalternes Personal und ihre Coaches. Und diese hatten ihr rund um die Uhr zur Verfügung zu stehen. Da sie mich schätzte und mochte – sagte ich schon, dass ich sie auch mochte? Ich hätte sie privat jederzeit zum Grillen eingeladen! –, rückte ich sehr schnell in ihren Fokus.

„Du kannst nicht einfach einen Tag im Homeoffice sein!", sagte sie in diesem weinerlichen Ton. „Ich BRAUCHE dich hier." Oder: „Bei diesem Meeting musst du UNBEDINGT dabei sein, das geht auf gar keinen Fall ohne dich."

Es dauerte nicht lang und ich hatte mich zu einer Art Leibeigenen entwickelt. Der Höhepunkt kam an einem Freitag: Ich hatte Yvonne am Vorabend gesagt, dass ich am kommenden Morgen einen Termin für eine Magenspiegelung hatte, weil ich seit Wochen immense Magenprobleme hatte. „Viel Glück", sagte sie. Und ich glaube, sie meinte es ehrlich. Nur hatte sie am nächsten Morgen VERGESSEN, dass ich eine Magenspiegelung hatte. Als ich nach Verlassen der

Praxis das Handy anmachte, hatte sie mir exakt 23-mal auf die Mailbox gesprochen. Beim letzten Mal mit den Worten: „Jaaaaaaaana! Ich kann dich nicht erreiiiiichen! Wo. Bist. Du?"

In diesem Moment wusste ich eigentlich schon, dass ich mir einen neuen Job suchen musste. Doch diese Erkenntnis war noch nicht an die Oberfläche meines Bewusstseins gedrungen. Wie so oft ist man zu träge, wenn der Leidensdruck (noch) nicht hoch genug ist. Schließlich fühlte ich mich durchaus geschmeichelt, dass Yvonne scheinbar vollständig von meiner Zuarbeit und meiner Beratung abhängig war. Es gab mir ein Gefühl von Wichtigkeit und Bedeutung, das mir guttat. Und das mich übersehen ließ, dass andere in meinem Team längst auf der Strecke geblieben waren.

Es begann mit Cornelia. Sie war zuständig für die interne Kommunikation. Eine Kollegin, die ich sehr mochte und die im Unternehmen sehr geschätzt war. Auch sie: Homeoffice, zwei Kinder, Jobsharing mit einer anderen Kollegin, trotzdem 24 Stunden im Einsatz. Sie wurde krank. War nicht mehr erreichbar. Niemand wusste, was ihr fehlte. Und es fragte auch keiner so genau nach. Bald darauf folgte Jasmin, ihre Kollegin. Sie wurde ganz unvermittelt von Neurodermitis-Attacken heimgesucht, die ich so noch nie gesehen hatte. Ihr Gesicht, ihre Hände, ihre Füße schwollen an, sie passte in keinen schicken Schuh mehr. In den schlimmsten Phasen erinnerte sie mich an Herzpatienten mit Wasser in den Beinen. Meldete sie sich krank und blieb zu Hause, schwollen ihre

Gliedmaßen ab. Kam sie zurück in den Job, dauerte es keine zwei Tage und ihr Füße sahen aus wie die eines Elefanten. Sie weinte mehr als einmal in meinen Armen. Dann bat sie um Versetzung.

Mir war immer noch nicht klar, wo der Grund für diese Entwicklung zu suchen war. Yvonne hatte mittlerweile ihr irrwitziges Regime installiert. In der Vorstandsetage erfreute sie sich höchsten Ansehens, in ihrem Team wurde sie gehasst und gefürchtet. Dabei muss ich es noch einmal sagen: Sie war nicht wirklich böse. Aber sie war kindlich, hysterisch, grausam. Wenn sie etwas wollte, stampfte sie mit dem Fuß auf und brüllte: „Du VERSTEHST das nicht. Ich brauch die Zahlen JETZT!" Einer etwas molligeren Kollegin sagte sie rundheraus, man könne sie „doch so nicht mit in die Vorstandsetage nehmen." Und: „Ich erwarte, dass du hier künftig im Hosenanzug und mit Make-up auftauchst."

Nun könnte man ein Klischee bedienen und einwenden, Wahnsinn sei bei Top-Managerinnen und Top-Managern an der Tagesordnung – kein Grund, sich darüber zu beklagen. Das mag sein. Doch als Mutter wird man erstaunlich sensibel. Man ist die Erste, die kommt, die Letzte, die geht. Weil man sich immer bewusst ist, dass die eigene Fassade brüchiger, anfälliger ist als die von alleinstehenden Kolleginnen und Kollegen, die im Zweifelsfall nur die Verantwortung für sich selbst und für das eigene Fortkommen tragen.

Wie berechtigt diese Sorge ist, wurde mir einmal mehr bewusst an jenem Tag, auf den ein Feiertag folgte, der irgendwie doch keiner war. Ich erinnere mich nicht, ob es ein Buß- und Bettag war oder irgendein anderer Brücken- oder Ferientag. Ich weiß nur noch: Schulen, Kindergärten und andere Betreuungsorganisationen hatten geschlossen, nicht jedoch die Wirtschaftsunternehmen. Was dazu führte, dass mit einem Mal drei oder vier Mütter in der Abteilung bei Yvonne für diesen einen Tag Urlaub einreichten.

Ich sehe Yvonne noch über den Flur toben. „Wer hat all diese gottverdammten Mütter eingestellt?", rief sie aufgebracht.

Ich war eine dieser gottverdammten Mütter. Entsprechend elend fühlte ich mich.

Warum um alles in der Welt ich mich schlecht fühlte? War es nicht mein gutes Recht, Urlaub zu nehmen, um meine Tochter zu betreuen? Ja, das war es. Und vielleicht sind solche Fälle inzwischen, ein paar Jahre später, eine absolute Ausnahme und muten eher bizarr an. Bestens. Dann will ich hier auf der Stelle schweigen und mich freuen, dass sich die Welt so sehr zum Guten gewendet hat.

Falls nicht – also, falls Sie das Gefühl haben, Sie kennen eine solche oder eine ähnliche Situation oder jemanden, der etwas in der Art erlebt hat –, lassen Sie uns an dieser Stelle einfach weiterreden und später gemeinsam überlegen, was man dagegen tun könnte. Ich nämlich glaube, dass es vielleicht doch noch die eine oder andere Frau gibt, die sich in einer ganz ähnlichen Situation befindet.

Wie ich darauf komme? Ein Grund waren die

ConfCalls morgens um 8 Uhr. Bevor sich die Lage in dem besagten Konzern so zuspitzte, dass unser Team schließlich implodierte, kam Malin in die Schule.

War es im Kindergarten immer noch völlig egal, ob sie um halb acht oder um halb neun gebracht wurde, gab es jetzt einen fixen, unverhandelbaren Zeitplan. Punkt 8 hatte das Kind sich in der Grundschule einzufinden. Und weil die Schule zum Glück in Laufweite lag, brachte ich sie morgens zu Fuß dorthin. So weit, so unkompliziert – allein, es gab eine kleine Terminkollision. Der ConfCall um 8. Der Fußweg zur Schule dauerte eine gute Viertelstunde, ich lieferte Malin meist um 7:50 Uhr ab, wartete noch, bis sie in den langen Gang zum Klassenzimmer entschwunden war, und trat dann kurz vor 8 den Heimweg an. Klar ist: Es wäre mir nie und nimmer gelungen – es sei denn durch die Fähigkeit der Bilokation – mich um 8 Uhr von Zuhause in den ConfCall einzuwählen.

Aber wofür gab es denn Mobiltelefone? Ich machte also an der Schule kehrt, stöpselte meine Kopfhörer ein, ging gemütlich Richtung Heimat und wählte mich von unterwegs ein. Das Ganze hatte einen kleinen Haken: Ich musste mich stumm stellen, damit ich den ConfCall – bei dem jede Geräuschkulisse den ohnehin anstrengenden Austausch massiv gestört hätte – nicht durch den Straßenlärm torpedierte. Dabei hieß es aber dann höllisch aufpassen: Erwähnte jemand meinen Namen oder richtete eine Frage an mich, musste ich in Sekundenschnelle auf „laut" schalten, mich kurz für den Lärm entschuldigen, antworten oder Auskunft geben – und dann wieder den „mute"-Knopf drücken.

Die Situation war in vielerlei Hinsicht urkomisch. Da waren zum einen die immer gleichen Leute, die ich morgens auf dem Fußweg traf, Jogger und Joggerinnen, Spaziergänger mit Hund, Leute, die zur Arbeit mussten – und die ihrerseits jeden Morgen diese telefonierende Frau trafen, die plötzlich unvermittelt, meist auf Englisch, etwas in den Hörer ihres Headsets brüllte.

Und zum anderen waren da die Kolleginnen und Kollegen. Das war es übrigens, was mich auf die Idee brachte, es könne noch anderen Menschen so gehen wie mir ... Immer wieder geschah es, dass ein Name genannt wurde und die Person erst mit einer kleinen Zeitverzögerung antwortete, untermalt von Straßenlärm. Und dann wieder, *schwupp*, Stille.

Ich stellte mir vor, wie alle möglichen ConfCall-Teilnehmer – es waren ja oft um die 30 – gerade von der Schule nach Hause liefen, wo sie ihre Kinder abgeliefert hatten, und sich jetzt von unterwegs einwählten und stumm schalteten, um dann ganz plötzlich aus der Versenkung aufzutauchen, wenn ihr Name genannt wurde. Die Vorstellung brachte mich regelmäßig zum Kichern. Genau genommen war es aber nicht witzig, denn bis ich daheim angekommen war, hyperventilierte ich bereits. Hechtete zur Tür hinein, warf mich an den Laptop. Und war voll im Einsatz.

Was mir fehlte, war die Extraminute an der Schule, um mit den anderen Müttern noch ein paar

Sätze zu wechseln, zu erfahren, wann der nächste Basar war oder wo ich günstig ein Kinderfahrrad kaufen konnte. Und natürlich auch, um mir ein Netzwerk im Viertel aufzubauen, auf das ich notfalls auch einmal hätte zurückgreifen können.

Nur dass es kein Missverständnis gibt: Ich bin nicht der Meinung, arbeitende Mütter hätten einen Anspruch auf morgendlichen Austausch vor dem Schulgebäude oder man könne ohne Basarwissen und sonstigen Tratsch nicht überleben. Man überlebt sehr wohl und erfährt das meiste auch auf anderem Wege, aber es macht manches komplizierter. Denn während die anderen Frauen beispielsweise vereinbarten, dass nur EINE auf den Basar ging und den Krempel der anderen mitnahm – während die andere dann beim nächsten Mal an der Reihe war –, stemmte ich alles allein. Klappte. Doch es kostete mich viel zu viel von dem, was eine arbeitende Mutter am wenigsten hat: Zeit.

Im Übrigen fällt mir dazu der alte Spruch ein: „Zeit ist Geld." Totaler Quatsch, dachte ich immer. Und eigentlich tauchte früher in meinem Kopf, wann immer ich es hörte, ein gieriger Fabrikbesitzer auf, der die Peitsche schwingt und diesen Satz seinen ausgebeuteten Arbeiterinnen und Arbeitern um die Ohren haut. Aber genau genommen ist viel Wahres dran, denn im Normalfall hat man nicht beides – es sei denn, man ist in einer ganz besonders privilegierten Lage. Man hat entweder Zeit. Oder Geld. Arbeitet man, womöglich Vollzeit, verdient man in der Regel – hoffentlich! – ganz passabel. Aber das

Geld braucht man auch! Man muss die Tagesmutter oder die Krippe oder den Hort bezahlen, weil man eben keine Zeit (!) hat, sein Kind selber zu betreuen. Vielleicht kommt auch noch eine Putzfrau dazu, weil man eben auch keine Zeit hat, seine Wohnung oder sein Haus selbst zu putzen. Wenn man keine Zeit und keinen Nerv mehr hat zu kochen, bestellt man sich etwas beim Take-away oder kauft verarbeitete Lebensmittel (die nicht nur teurer, sondern auch ungesünder sind). Und man muss Geld in ein Auto investieren, weil man es sonst nicht schafft, auch noch zusätzlich Anfallendes zu bewältigen, wie den Weg zum Arzt, zum Physiotherapeuten oder zum Bürgeramt, was mit den öffentlichen Verkehrsmitteln manchmal einer Odyssee gleichkommt.

Kurz und gut: Ich finde, bis zum Schuleintritt eines Kindes muss man diese Rechnung wirklich einmal aufmachen. Ich habe mal kalkuliert – ich komme auf Extra-Kosten von um die 1200 Euro im Monat. Wer also wenig mehr als 1200 Euro netto Vollzeit verdient und glaubt, er müsse aus finanziellen Gründen möglichst schnell nach der Geburt des Kindes in den Job zurückkehren, der hat irgendwo einen Rechenfehler gemacht.

Aber wir arbeiten doch nicht aus finanziellen Gründen, nicht wahr? Wir arbeiten, weil wir unsere Jobs mögen, weil sie uns zufrieden machen und uns erfüllen, weil wir unabhängig vom Partner sein wollen und weil wir es uns nicht leisten können, zu lange aus dem Berufsleben auszuscheiden. Die Welt dreht sich schließlich weiter, neue Technologien werden eingeführt, neues Wissen entsteht. Das wollen wir nicht verpassen. Ja. Ist ja gut. Weiß ich ja. Versteh ich ja. Ich sag ja nur.

Eigentlich war es auch egal, denn Geld hatte ich bei meinem Job im Konzern genug. Nur mit der Zeit, da wurde es immer enger. Yvonne akzeptierte bald kaum mehr einen Homeoffice-Tag. Na, zumindest das Problem des ConfCalls um 8 Uhr war damit gelöst: Mein Mann brachte das Kind zur Schule, während ich um diese Uhrzeit schon im Büro saß und mich dort, ganz ohne Straßenlärm, aus dem Konferenzraum mit einwählte. Ich war mindestens vier Tage die Woche im Headquarter. Kam ich um 21 Uhr endlich nach Hause, gab ich meiner Tochter, die bereits im Bett lag, noch einen Kuss („Mensch, du weckst sie doch", schalt mich mein Mann) und setzte mich dann aufs Sofa, um – während mein Mann fernsah oder las – auf dem Laptop noch irgendwelche Texte zu schreiben oder Mails zu beantworten.

Ach, mein Laptop. Es war so ein wunderbares Teil. Er wog kein Kilo und sein Display war nicht größer als 12 Zoll, dennoch verfügte er über SSD, super-schnellen Prozessor und allen Pipapo. Was für männliche Manager ihr Dienstwagen, war für mich mein Laptop. Das kleine Ding war handtaschen-kompatibel, ich schleppte es überall mit hin, ich glaube, sogar auf die Toilette. So ist das im Großkonzern: Wer hart arbeitet, der braucht auch ein gutes, leistungsfähiges Arbeitsgerät, das ist eine Form der Anerkennung – und weil ich eine Superpowerfrau war, gebührte mir die höchste Form der Anerkennung. Und bähm! arbeitete ich rund um die Uhr. Vor lauter Begeisterung über meinen tollen Laptop.

In meinem jetzigen Job habe ich keinen Laptop, obwohl mir als Abteilungsleiterin einer zusteht. Ich weiß, dass viele Kolleginnen und Kollegen gerne einen hätten, aber keinen bekommen. Ich arbeite jetzt in einer Behörde, da geht alles streng nach Hierarchie. Laptop – nur ab Referatsleiter aufwärts. Die Jungs vom IT-Helpdesk schütteln den Kopf über mich. Warum will die Alte keinen Laptop? Stattdessen nimmt sie mit einem doofen stationären PC vorlieb und arbeitet, wenn nötig, von zu Hause illegal auf ihrem privaten MacBook. Ach, die guten Jungs. Sie wissen ja nichts von meiner Laptop-Allergie. Doch ab und zu juckt es mich schon in den Fingern. Kann es sein, dass ich langsam schwach werde? Vielleicht bestelle ich mir demnächst doch mal einen. Einen kleinen, schicken, sexy Laptop mit 12 Zoll, nicht schwerer als ein Kilo, aber mit allem Pipapo. Oh-oh, ich muss schon wieder auf mich aufpassen ...

Zurück zu meinem Konzernjob: Nachdem ich fast nur noch im Büro und kaum mehr im Homeoffice war, eskalierten die Dinge daheim relativ zügig. Der Hausfrieden hing so dermaßen schief, dass selbst die Nachbarn keine Wasserwaage mehr benötigten, um die Entwicklung zu registrieren. Mein Mann war sauer. Und zu Recht. Wie gesagt, es ist wichtig, dass die Lasten gleich verteilt sind. Bei uns waren sie das bei weitem nicht mehr. Mein Mann brachte unsere Tochter zur Schule, holte sie ab, versorgte sie, kaufte die Schulsachen, sprach mit der Lehrerin. Da er selbstständig ist, kann er sich seine Zeit ein wenig freier einteilen – doch das konnte natürlich nicht darüber hinwegtäuschen, dass er die Hauptlast zu schultern hatte.

Die Folgen waren dramatisch. Er managte den Laden. Ich fühlte mich nicht mehr eingebunden. Entscheidungen wurden ohne mich getroffen. Maulte ich, hieß es: „Was willst du denn? Du bist ja nie da." Es schien, als hätte ich jedes Recht verwirkt, das Leben meines Kindes mitzugestalten. In den besseren Augenblicken stritten wir. In schlechteren sprachen wir gar nicht miteinander und koexistierten – zumindest in der Zeit, in der ich zu Hause war: am Wochenende und unter der Woche von 21 bis 7 Uhr.

5
DU BIST NIE DA!

Nun könnte man vermuten, dass ein Mensch irgendwann eine Situation, die er nicht unmittelbar ändern kann, zumindest vorübergehend als gegeben akzeptiert und versucht, das Beste daraus zu machen. Helfen könnte auch, sich mit dem Partner hinzusetzen und gemeinsam einen Plan zu entwickeln, nach dem Motto: „Schatz, wir halten das jetzt irgendwie noch maximal ein Jahr durch und bis dahin suchen wir gemeinsam nach einer Lösung oder einer Exit-Strategie."

Wie diese Lösung oder Exit-Strategie letztendlich aussehen könnte, ist von Familie zu Familie verschieden – aber sie könnte, natürlich, darauf hinauslaufen, dass einer der beiden Partner seinen Job kündigt. Oder dass er sich einen Job sucht, in dem er so viel verdient, dass eine Vollzeithaushälterin eingestellt wird (was freilich nicht das „Mama-ich-will-dir-mein-Bild-zeigen"-Thema klärt). Wie auch immer: Es würde beiden Beteiligten Luft geben, in Ruhe zu überlegen, sinnvolle Alternativen zu diskutieren und weniger zu streiten. Denn beide wüssten, dass ein

Ende abzusehen ist. Anstatt panisch zu agieren, immer nervöser zu werden und das vollkommen Aussichtslose zu versuchen, nämlich irgendwie einfach alles trotzdem parallel zu schaffen. Ja. Das wäre ein guter Weg, glaube ich heute.

Nun neigen aus meiner Erfahrung – und wenn Sie eine andere haben, lassen Sie es mich gerne wissen – Frauen nicht zu gelassenen, mittelfristigen Plänen. Im Gegenzug neigen sie sehr wohl dazu, eben doch alles irgendwie unter einen Hut bringen zu wollen. Das gilt zumindest für mich, die ich ganz unzweifelhaft eine Frau bin. Aber leider auch für viele, viele andere in meinem Umfeld, und zwar unabhängig von Alter, Bildung, sozialer Herkunft und gegenwärtiger Familiensituation. Ja, ich weiß: Repräsentativ ist das nicht! Dieses Buch fußt ohnehin sehr stark auf meinen eigenen Erfahrungen und denen von Freunden, Bekannten, entfernten Bekannten, Kollegen und Smalltalk-Partnern auf Geburtstagsfeiern, Hochzeiten und Grillfeten. Auf anekdotischer Evidenz, wie einer meiner Freunde gern spöttisch behauptet. Aber ganz ehrlich: Wer sich in seinem Freundes- und Bekanntenkreis umsieht, findet dort bestimmt auch einige dieser Ich-krieg-das-schon-alles-irgendwie-gebacken-Persönlichkeiten.

An dieser Stelle muss ich noch etwas einwerfen: Es scheint, als spräche ich in meinen Ausführungen ausschließlich über Frauen. Aber das tue ich nicht – und will es auch nicht. Ich bin sicher, dass sich in unserer Gesellschaft mehr und mehr auch Väter in ganz ähnlichen Situationen befinden. Dass sie vor solchen Herausforderungen stehen, dass sie ebenso verzweifelt und nicht immer erfolgreich versuchen, Vollzeitjob und Familie unter einen Hut zu bekommen. Dass diese Männer hier nicht so ausführlich gewürdigt werden, liegt daran, dass ich persönlich nicht so viele davon kenne. In meiner Generation ist es doch häufig noch so, dass die Frau überwiegend die Familie managt, während der Mann überwiegend dem Beruf nachgeht. Ausnahmen bestätigen die Regel. Wie bei mir eben: Wir wollten das eigentlich fifty-fifty machen – nur waren wir zu dieser Zeit an einem Punkt angelangt, an dem bestimmt 70 Prozent der Aufgaben bei meinem Mann lagen. Wenn Sie also wissen wollen, wie ein Mann sich in so einer Situation fühlt und selber keinen kennen – sprechen Sie gern mit meinem. Er kann Ihnen Auskunft geben. Er nämlich, da bin ich sicher, erinnert sich noch genau an die zahlreichen Gelegenheiten, bei denen er mir ein „Du bist ja nie da!" entgegengeschleudert hat. Und auch wenn diese Situationen jetzt seltener sind – ich arbeite jetzt in einem anderen Job! –, so sind sie mir doch lebhaft und schmerzhaft im Gedächtnis. Und es gibt sie noch heute bisweilen, wenn auch seltener und weniger erbittert.

Wissen Sie, warum dieser Vorwurf mich so hart traf? Und warum er viele Frauen in einer ähnlichen Situation so sehr verletzt? Das hat drei simple Gründe. Der Erste: Man weiß, dass es wahr ist. Und man leidet selbst am meisten darunter, kann es aber hier und heute nicht ändern. Der Zweite (den ich oben schon ein wenig vorweggenommen habe): Dieser Satz, dieser eine kleine, dumme, schmerzhafte Satz entzieht einem jedes Recht auf Mitsprache, auf Gefragtwerden, auf Anteil am Leben seiner Familie, auf gemeinsame Entscheidungen. Das Kind will bei einer Schulfreundin übernachten, das Kind will Reitstunden nehmen, das Kind braucht eine neue Schneehose, das Kind muss Hefte kaufen, das Kind soll sich für ein Wahlfach entscheiden, für das Charity-Projekt der Schule spenden, darf auf Fotos abgebildet sein oder nicht, soll morgens mit dem Bus fahren, ins Theater mitgehen, im Sommer vier oder sechs Wochen in die Ferienbetreuung, die Haare abgeschnitten bekommen, ein Faschingskostüm aussuchen, die Oma anrufen (oder auch nicht), den ersten Zahn behalten oder der Zahnfee unters Kopfkissen legen. Ich weiß nicht, was noch alles. Und alles, ALLES wird ohne einen entschieden. Manchmal fand ich das nicht schlimm. Schließlich ist mein Partner ein großartiger Vater und weiß sehr wohl, was für unsere Tochter gut ist. Aber darum geht es nicht. Es geht darum, dass man selbst als Mutter „raus" ist. So, als gäbe es einen im Leben der anderen beiden gar nicht, oder nur als Abendgast, der noch mal kurz vorbeischaut, ein Gute-Nacht-Küsschen gibt und sich ansonsten wieder verpisst (Entschuldigung!), vor allem dann, wenn der Alltag und damit die täglichen kleineren und größeren Entscheidungen anstehen.

Dazu kommt: Hat der Partner eine Entscheidung getroffen, die einem tatsächlich mal überhaupt nicht passt, kann man diese nicht rückgängig machen. Denn das würde den Vater – oder wahlweise die Mutter –, der die Entscheidung getroffen hat, vor dem Kind unglaubwürdig machen. Ein Effekt, den es in jedem Fall zu vermeiden gilt. Also macht man gute Miene zu jedem erdenklichen Spiel und mischt sich irgendwann nicht mehr ein. Während man leidet wie ein Hund.

Und damit kommen wir zu Grund drei, dem Schlimmsten von allen. Er manifestiert sich, sobald das Kind ein bisschen älter und schlauer wird, seine Eltern gelegentlich bei einem Streitgespräch belauscht und, weil Kinder furchtbar clever sind, ganz schnell begreift, woher der Wind weht und wie es selbst Druck ausüben kann, sobald es etwas nicht bekommt oder man seinen Wünschen zuwiderhandelt. Ab da hört man den Satz „Du bist ja nie da!" nicht nur von seinem Mann, sondern mindestens ebenso häufig von seinem Kind – weniger verbittert, weniger aggressiv vielleicht, dafür mit diesem unvergleichlich weinerlichen Unterton, der einem ein für alle Mal klarmacht: Man ist die verantwortungsloseste Mutter, die je diesen Erdboden betreten hat. Nutzlos, sich ständig vor Augen zu führen, dass Kinder Meister der Erpressung sind. Nutzlos, sich zu sagen, dass man doch alles Menschenmögliche tut, um seiner Familie gerecht zu werden. Und noch viel tausendmal nutzloser der Einwand, eine Mutter, die rund um die Uhr bei ihren Kindern zu Hause sei, um sie persönlich zu betreuen, sei ein überkommenes Gesellschaftsmodell und inzwischen längst nicht mehr üblich bei uns – wie natürlich auch in vielen anderen Ländern, Frankreich oder Schweden etwa, wo voll berufstätige Mütter und Ganztagsbetreuung eine Selbstverständlichkeit sind. Ich sage Ihnen: nutzlos. Ihr schlechtes Gewissen ist rationalen Argumenten nicht zugänglich – und wenn Sie zu den Müttern gehören, die bei solchen Sätzen aus dem Mund ihres Sprösslings ganz cool bleiben, dann rufen Sie mich an und sagen mir, wie es geht.

Das Ganze eskalierte an einem Martinstag. In dem besagten Jahr fiel er auf einen Montag. Tagelang hatte Malin an ihrer Laterne gebastelt, Scherenschnitte angefertigt, gefaltet und geklebt. Die Laterne war ein wahr gewordener Kindertraum. Die ganze Familie freute sich auf das große Ereignis, den Laternenzug, bei dem unsere Tochter ihr Kunstwerk im Kreise all der anderen kleinen Künstler vorführen wollte und damit von der Kirche zur nahe gelegenen Kapelle ziehen sollte. An der Kapelle selbst sollte ein Martinsspiel stattfinden und ein großes Lagerfeuer entzündet werden. Und weil von der Gemeinde immer freiwillige Helfer gesucht wurden, um unterschiedliche Aufgaben bei dem Event zu übernehmen, hatte ich meinen Mann bei den „Seilhaltern" angemeldet, jenen Leuten, die mittels Seil an den Straßenrändern dafür sorgten, dass a) der Zug nicht falsch abbog, b) niemand von den Zuschauern auf die Straße fiel und c) das Pferd, auf dem Sankt Martin saß, nicht alles niedertrampelte. Ich selbst wollte den kleinen verkleideten Soldaten auf dem Kapellplatz beim Sammeln von Spenden helfen.

Sie ahnen schon, was geschah. Malin lief mit ihrer prächtigen Laterne im Zug mit und war stolz wie Oskar. Mein Mann hielt das Seil am Straßenrand. Auf dem Kapellplatz wurde das Feuer entzündet. Die kleinen Soldaten sammelten. Und das alles ohne mich.

Ich war zu spät im Büro losgefahren und stand irgendwo auf dem Ring im Stau. Mein Herz raste, weil ich wusste, was das bedeutete: Ich war nie da.

Als ich ankam und mich durch die Massen an Menschen gekämpft hatte, erspähte ich irgendwo im Kreis rund um das Feuer mein Mädchen. Ich wühlte mich zu ihr durch und umarmte sie von hinten. Sie wirkte nicht überrascht, als sie sich umdrehte, auch nicht sauer, eher ein bisschen traurig.

„Wo warst du, Mama?", fragte sie mit großen Augen.

„Ich stand im Stau, mein Schatz", sagte ich.

Sie nickte. Im Stau, das war eben Pech. Aber ich wusste natürlich, dass ich letztlich nur deshalb zu spät war, weil ich – wie so häufig – nicht die Disziplin gehabt hatte, pünktlich loszufahren. Ja, genau: Ich hatte es an Disziplin fehlen lassen. Sie merken schon, ich will es mir nicht zu leicht machen – und Ihnen auch nicht. Natürlich wäre es bequem, es einfach auf den Job zu schieben. Man ist „eben einfach nicht losgekommen". Oder man musste ganz dringend noch diese eine Mail fertig machen. Oder konnte das Telefonat beim besten Willen nicht rechtzeitig

beenden. Der Chef hat einen noch mal im Vorbei-
gehen schnell aufgehalten.

Das stimmt meistens auch. Aber zumindest was
mich angeht, würde ich schätzen, dass es in fünf von
zehn Fällen okay gewesen wäre, die Mail am
nächsten Morgen zu schreiben. Dem Gesprächspartner am Telefon zu sagen, dass man Weiteres gern
in einem nächsten Telefonat besprechen könne, man
jetzt aber noch einen privaten Termin habe. Oder
dem Chef zu erklären, man müsse heute leider
wirklich pünktlich los, wegen des Martinszugs.
Letztlich war es meine Schuld, dass ich um alles in
der Welt den Eindruck vermeiden wollte, ich hätte
auch noch ein Privatleben und sei nicht voll-
umfänglich für meinen Job im Einsatz. Also
womöglich keine Superpowerfrau, die Kind und
Karriere ganz wunderbar ... und so weiter.

Ich glaube heute eigentlich fest daran, dass die
meisten Arbeitgeber im 21. Jahrhundert damit
klarkommen, wenn jemand, der während des
Arbeitstages einen guten Job macht, nach Dienst-
schluss auch ein Privatleben hat. Und insofern gehe
ich davon aus, dass Yvonne einfach eine Ausnahme
war. Aber erstens wusste ich das zu diesem Zeitpunkt
noch nicht – und zweitens ist etwas zu wissen die
eine Sache. Es ganz tief im Innern auch glauben zu
können eine ganz andere.

An jenem Martinsabend heulte ich später, als
Malin schon im Bett war, wie ein Schlosshund. Mein
Mann, der Gute, versuchte, seine Wut hinunterzu-

schlucken und mich zu trösten, weil er spürte, wie leid es mir tat.

„Schatz, in meinem Leben muss sich etwas ändern", sagte ich aus tiefster Überzeugung. Nur wie das gehen sollte, das wusste ich noch nicht. Also verpasste ich noch für eine ganze Weile nicht nur Events wie den Martinszug, sondern quasi die Hälfte meines Lebens. Und dann starb meine Kollegin.

Harriets Tod war ein Schock. Nicht einfach deshalb, weil der Tod einer Kollegin, mit der man tagein, tagaus eng zusammengearbeitet hat, immer ein Schock ist, oder deshalb, weil man nach Jahren der Zusammenarbeit mehr ist als nur Kollegen. Auch nicht, weil Harriet viel zu jung war zum Sterben. Der eigentliche Schock war die Art, wie es geschah.

Noch heute, mehr als fünf Jahre später, fällt es mir schwer, die richtigen Worte zu finden – und vielleicht ist es besser, es nicht zu versuchen. Ich weiß, es wäre ihr peinlich. Deshalb nur so viel: Als sie eines Morgens nicht zur Arbeit erschien, obwohl sie einen Flug nach London antreten sollte, wussten wir, dass etwas nicht in Ordnung war. Harriet reagierte nicht auf Anrufe, nicht auf Mails. Eine junge Kollegin fasste sich schließlich ein Herz und fuhr zu Harriets Wohnung. Sie kletterte über ein Baugerüst auf den Balkon – und konnte durch die Balkontür deutlich sehen, dass in der Küche Mantel und Handtasche abreisefertig über dem Stuhl hingen. Der Pass lag auf dem Tisch. Wir beknieten die Polizei, sich Zutritt zu verschaffen. Nach gefühlt endlosen Diskussionen gelang es uns, die Beamten dazu zu bewegen. Sie konnten Harriet nicht mehr retten.

Es mag verrückt klingen, aber unser aller erster Gedanke war: der Stress. Das war Quatsch. Natürlich war Harriet nicht einfach an Stress oder Überlastung gestorben. Wir erfuhren, dass es eine Vorerkrankung gegeben hatte. Nur sagten die Ärzte auch offen, dass anhaltender Stress die Erkrankung mit Sicherheit begünstigt hatte. Im Anschluss an die Trauerfeier hatte Harriets Schwester die engsten Kollegen noch zu einem Beisammensein eingeladen. Yvonne signalisierte uns, wir sollten ein bisschen auf die Zeit achten. Es würde nicht gern gesehen, wenn wir da alle miteinander im großen Stil ...

Die junge Kollegin, die so tapfer auf den Balkon geklettert war, kündigte wenige Wochen später. Eine weitere Kollegin aus der internen Kommunikation nahm eine Auszeit.

Und ich? Vor meinem inneren Auge sah ich mich an Harriets Stelle da liegen, sah mein Kind ohne Mutter groß werden. Dass sich in meinem Leben etwas ändern musste, das wusste ich ja schon. Nun wusste ich auch, was. Ich musste mir einen anderen Job suchen. Bliebe ich, das war mir klar, würde sich nichts, aber auch gar nichts ändern. Außer zum Schlechteren.

Dabei mochte ich meinen Job eigentlich. Ich hatte Spaß an den Inhalten, an der Vielseitigkeit der Themen und Aufgaben, am Kontakt mit den vielen verschiedenen Persönlichkeiten im Unternehmen, vom Entwickler bis zum Juristen. Und ich war finanziell in einer wirklich guten Lage. Und gleichzeitig ahnte ich, dass mein Leben in einem Desaster enden würde, wenn ich nichts unternahm. Ich setzte mich also hin und schrieb Bewerbungen. Dummerweise war ich nicht schnell genug.

Warum ich nicht schnell genug war? Ganz einfach: Ich war schon weit näher am Abgrund als gedacht. Während die Bewerbungsverfahren liefen, bereitete ich die Pressearbeit für eine große Industriemesse vor. Mein Mann war beruflich viel unterwegs. Malin wurde auch nach den Stunden im Hort beständig fremdbetreut von den verschiedensten Babysittern, befreundeten Müttern und Nachbarinnen. Ich gab ein Vermögen für Betreuung aus. Egal, ich konnte es mir ja leisten. Ich weiß nicht genau, wie es Malin dabei ging. Sie sagte nichts, auch wenn ich sie danach fragte.

„Malin, Spatz, ist es okay, wenn dich Cornelia morgen vom Hort abholen kommt?"

„Ja, Mama."

Manchmal passierte es, dass Malin gar nicht wusste, wer sie am späten Nachmittag mitnehmen würde. Weil ich es selbst noch nicht wusste. Oft ergaben sich spontan Situationen, die dazu führten, dass ich selbst es nicht pünktlich schaffen konnte. Ich rief also im Hort an und erklärte der jeweiligen Erzieherin, wer Malin heute abholen käme. Denn natürlich – und darüber war ich froh – hätten die Erzieherinnen meine Malin nicht irgendjemandem mitgegeben. Eigentlich hätte die Person sogar eine schriftliche Bestätigung von mir vorweisen müssen, aber das ließ sich oft auf die Schnelle nicht machen. Ich hatte also mit dem Hort einen Deal.

Man muss sich folgende bizarre Situation einmal vorstellen: Wenn man sein Kind im Hort anmeldet, gibt es da diese Formulare, die ausgefüllt und hinterlegt werden müssen. Sie wissen schon: Hat das Kind Allergien? Wen sollte man im Notfall verständigen? Und so weiter. Dort ist auch die Angabe vorgesehen, wer – außer einem selbst – das Kind vom Hort abholen darf. Ich bin mir nicht hundertprozentig sicher, aber ich glaube, es waren zwei Alternativen vorgesehen. Bei mir reichten die Zeilen nicht, weil ich natürlich versuchte, schon vorsichtshalber all diejenigen Abholer – oder meist Abholerinnen – anzugeben, die infrage kamen. Die Hortleiterin sah mich an, als wäre ich ein Kalb mit zwei Köpfen.

Zurück zum Job: Es lief nicht gut für mich. Zwar klappte alles rund um die Messevorbereitung, aber ich fühlte mich von Tag zu Tag elender. Beständig waren meine Finger eiskalt, meine Lippen blau. Ich hatte das Gefühl, keine Luft zu bekommen. Und ich hatte Angst. Harriets Tod war in meinem Kopf noch unheimlich präsent.

Kurz bevor ich zur Messe abreisen musste, geschah etwas Außergewöhnliches: Meine Mutter besuchte mich. Außergewöhnlich war es deshalb, weil sie damals bereits fast 80 und gesundheitlich immer angeschlagen war. Sie reiste also nicht mehr. Nicht einmal die eineinhalb Fahrtstunden zu mir.

Außer in absoluten Ausnahmefällen. Zum Beispiel, wenn ich in Not war. Was ich also selbst vielleicht noch gar nicht so wahrgenommen hatte – meine Mutter spürte es. Und bot mir ihre Hilfe an. Natürlich war ich unglaublich dankbar. Meine Mama würde kommen!

„Ich kann dir ja nicht mehr viel helfen, Kind", pflegte sie immer zu sagen – aber das war völlig egal. Sie war einfach da. Sie gab mir auch seelische Unterstützung und Kraft. Und zumindest kochte sie für Malin, wenn ich es wieder einmal nicht pünktlich nach Hause schaffte.

Wie froh war ich vor allem an jenem Freitag, an dem ich gegen 21 Uhr von der Arbeit kam und plötzlich das Gefühl hatte, es zöge mir den Boden unter den Füßen weg. Ich konnte nicht atmen, dachte, ich müsste gleich umkippen, war kurz vor der Ohnmacht.

„Mama, was ist mit dir?", weinte Malin, als ich im Wohnzimmer auf dem Teppichboden lag.

Ich sah wieder Harriet vor meinem inneren Auge. Meine Mama bestand darauf, den Notarzt zu rufen. Der kam ganz schnell. Und konnte mir schließlich auch erklären, warum ich schon seit Wochen blaue Lippen und eisige Hände hatte: Ich hyperventilierte. Und zwar permanent. Angesichts der Hektik in meinem Alltag schnappte ich nur noch nach Luft. Und fühlte mich dadurch immer schlechter. Der Notarzt verordnete mir Beruhigungsmittel und ein Glas Rotwein (nicht zur gleichzeitigen Einnahme!). Er tröste mich: Mein Zustand sei unangenehm, aber nicht gefährlich. Darüber war ich zwar erleichtert, doch es löste mein Problem nicht. Zwei Tage später fuhr ich zur Messe. Und immer noch liefen die Bewerbungsverfahren.

Dann trafen zwei Ereignisse zusammen. Ich erlitt auf der Messe einen völligen Zusammenbruch – und gleichzeitig flatterten mir zwei Einladungen zum Vorstellungsgespräch ins Haus. Und wieder war ich in einer Situation, wie sie absurder nicht hätte sein können: Während ich am Messebahnhof am ganzen Körper so zitterte, dass ich es nicht schaffte, meinen Koffer selbst in den Zug zu heben, wurde ich eingeladen, mich einem neuen Arbeitgeber als tolle, kompetente, selbstbewusste, belastbare, teamfähige, stressresistente Superpowerfrau zu präsentieren. Das Schicksal hat einen Sinn für Ironie. Mir war das Lachen freilich vergangen.

Mein Mann holte mich am Bahnhof ab. Ich weiß nicht mehr, wie ich das Wochenende überstand. Ich weiß nur, dass ich nicht mehr aufhören konnte zu zittern.

Am Montag erschrak mein Hausarzt bei meinem Anblick. „Sie sind ja völlig fertig", meinte er. Und: „Ich nehme Sie da jetzt erst mal raus."

Und *schwupp*, war ich krankgeschrieben – und zwar bis auf Weiteres. Ich schrieb Yvonne eine Mail, ignorierte ihre 103 Anrufe und es war mir völlig egal, ob sie sauer auf mich war. Denn ich wusste plötzlich: Ich würde mein Büro nie wieder betreten.

Eigentlich war alles mit einem Mal ganz einfach.

Nichts spielte mehr eine Rolle – nur noch, dass ich wieder auf die Beine kam. Das ist übrigens eine Erkenntnis aus dieser harten Zeit: Es gibt diesen einen Moment, eine Art „point of no return", oder wie immer man ihn nennen mag, an dem einem wirklich alles egal ist. Und das ist gut so. Vielleicht sind Sie schon mal operiert worden? Ich schon, mehrfach. Nie irgendetwas wirklich wahnsinnig Dramatisches – aber eben doch eine Operation mit Vollnarkose. Vollnarkose ist nie schön. Man verliert die Kontrolle, man kann sich nicht wehren, weiß nicht, was mit einem geschieht. Theoretisch kann es sein, dass man nicht mehr aufwacht. Man muss, ganz ungewohnt, sein Leben jemand anderem anvertrauen: der Narkoseschwester, dem Anästhesisten, dem Operateur. Ein merkwürdiges Gefühl. Aber ich sage Ihnen, wie es mir geht: Ich bin vorher immer furchtbar aufgeregt. Ich habe wahnsinnige Angst. Ich mache mir Gedanken über alle möglichen Kompli-kationen. Aber in dem Augenblick, in dem ich in diesem OP (oder im Vorraum) liege, die Schwester mir die Kanüle legt und das Narkosemittel in mich hineinfließt, da bin ich plötzlich ganz ruhig. So fühlte ich mich, als ich von der Messe nach Hause kam. Ich konnte ohnehin nichts mehr ändern. Ich zitterte wie verrückt. Konnte kaum vom Sofa zur Toilette laufen. Am ganzen Körper zuckten meine Muskeln. An Arbeit war nicht zu denken. Ich war schon froh, wenn ich in der Nacht eine Stunde schlief. Ich war raus.

In den folgenden Tagen kriegte ich jede Menge Mails

von besorgten Kolleginnen und Kollegen. Und von Yvonne natürlich. Ich beantwortete sie nicht. So vergingen die Tage.

Zwei Wochen später war ich immer noch nicht in der Lage, bei Obi einen vollen Einkaufswagen zu schieben – Malin tat es für mich. Sie war furchtbar lieb in dieser Zeit. Überhaupt waren alle plötzlich ganz lieb. Und warum? Weil ich es zum ersten Mal seit langer Zeit wagte, Schwäche zu zeigen. Weil es mir völlig egal war, was die anderen von mir dachten. Ich existierte einfach nur und versuchte, einen Tag nach dem anderen zu überstehen.

Und dann kam der Moment, an dem mein erstes Vorstellungsgespräch angesetzt war. Vollgepumpt mit Beruhigungsmitteln stellte ich mich der Herausforderung. Ich hoffte, es würde nicht länger dauern als eine Stunde: Länger würde ich nicht durchhalten, da war ich mir sicher.

Es dauerte nicht länger als eine Stunde. Und es lief wirklich gut. Ich war schlagfertig, blieb keine Antwort schuldig. Ich war beinahe wie früher. Entsprechend selbstbewusst ging ich in das zweite Gespräch – und auch das klappte hervorragend. Und dann tat ich etwas sehr Tapferes, aber sehr Richtiges: Ich kündigte.

Ich gebe zu, ich hatte meinem Mann die Gretchenfrage gestellt: „Was passiert, wenn ich kündige und keiner der beiden Jobs klappt?"

„Wir schaffen das", erklärte er mir. Aber letztlich war auch das reine Formsache. Denn dass ich in meinen „alten" Job nicht zurückkehren konnte, war mir sonnenklar. Selbst wenn ich mich hätte arbeitslos melden müssen – es hätte nichts geändert. Ich kündigte. Und fühlte mich so unglaublich frei, so leicht, so glücklich. Ich zitterte immer noch, ich war alles andere als fit, ich hatte keinen Job, vielleicht bald kein eigenes Geld mehr, aber ich würde mein Leben ändern. Alles würde sich ändern. Ich würde mehr für meine Tochter da sein, überhaupt wieder ein Leben haben. Ich würde Martinsumzüge mitmachen, Malin rechtzeitig vom Hort abholen. Ich würde mit ihr Hausaufgaben machen, für sie und ihre Freundinnen Kuchen backen, zumindest am Wochenende. Sie würde nicht mehr von ständig wechselnden Betreuerinnen ins Bett gebracht. Ich würde wieder gesund werden, könnte mich wieder freuen und mich entspannen, wie früher. Soll ich Ihnen etwas sagen? Es war eine gute Entscheidung.

Letztlich hätten beide Jobs geklappt. Ich musste wählen. Und jetzt halten Sie sich gut fest: Ich entschied mich für den schlechter bezahlten. Nein, keine Sorge – ich bin nicht verrückt. Aber die eine Stelle, die besser bezahlte, war meiner „alten" sehr ähnlich. Kommunikationsabteilung im Großkonzern, internationales Geschäft, alles wie gehabt. Das Gehalt war in etwa so wie bisher. Der Konzern hatte eine neue Produktsparte eröffnet – und für die galt es nun, die Kommunikation zu steuern. Ich lernte meinen potenziellen Chef kennen. Wir verstanden uns auf Anhieb, hatten die gleichen Ansichten zum Thema

Kommunikation, teilten die gleichen Einschätzungen. Unser Gespräch dauerte fast zweieinhalb Stunden, obwohl es auf eine Stunde terminiert war – und eigentlich waren wir schon mittendrin in der Diskussion, wie und wohin man die Kommunikation für die neue Produktsparte entwickeln sollte. Er erzählte mir, er komme aus Berlin und habe zunächst mal eine Zwei-Zimmer-Wohnung in der Stadt gemietet. Seine Familie wolle noch nicht umziehen. Vielleicht später, wenn er sich hier eingelebt habe und seine Position gefestigt sei.

In dem Moment wusste ich, dass die Stelle nichts für mich war. Denn wissen Sie, was Chefs machen, deren Familie in einer anderen Stadt wohnt und auf die abends daheim keiner wartet? Richtig: Sie arbeiten. Und zwar bis Mitternacht. Sie leben in einer neuen Stadt, sie kennen niemanden, sie wohnen in einer kleinen und vielleicht nicht einmal besonders einladenden Zwei-Zimmer-Wohnung, in die sie nichts zieht. Warum sollten sie aufhören zu arbeiten? Also bestellen sie sich spät noch eine Pizza und weiter geht's. Glauben Sie mir, ich kenne das gut. Ich habe vor Malins Geburt selbst in verschiedenen Städten genauso gelebt. Meine letzte Station, bevor ich zu Heidi kam, war eine große Stadt im Südwesten der Republik. Ich hatte eine charmante Altbauwohnung, in der es nur leider im Winter nicht wärmer wurde als 13 Grad, weil die Heizung den Druck scheinbar nicht bis in die fünfte Etage (ohne Aufzug!) schaffte. Doch das war mir egal. Ich kam ohnehin nicht vor Mitternacht nach Hause, dann wickelte ich mich in eine Decke, guckte noch irgendeinen Schwachsinn im Fernsehen, um müde zu werden – und dann schlief ich, bis es am nächsten Morgen wieder Zeit war, zur Arbeit zu gehen. Ich wusste also, was meinen potenziellen Chef erwartete. Und eine zweite Erkenntnis ist mindestens ebenso wichtig: Wenn Chefs lange arbeiten, brauchen sie Gesellschaft im Büro. Und ich ahnte, wer diejenige sein würde, die ihm abends Gesellschaft leistete. Der Job war verlockend, der Chef unheimlich nett und kompetent – aber ich würde vom Regen in die Traufe kommen.

Blieb Stelle Nummer zwei. Alles schick, alles schön, toller Job mit Führungsverantwortung. Es gab nur einen Wermutstropfen: das Geld. Es war eine Position im öffentlichen Dienst. Behörde, genau genommen.

Es ist nicht so, dass man mit den Gehältern, die es dort für gut ausgebildete Leute zu verdienen gibt, am Hungertuch nagen muss – aber wenn man vorher im Konzern gearbeitet hat, wird man feststellen, dass es ziemlich genau die Hälfte von dem ist, was man früher verdient hat. Ich weiß, es klingt merkwürdig: Aber es war mir egal. Ich wusste, wie es sich anfühlt, mit viel Geld ein krankes Leben zu führen – und wollte nun endlich erfahren, ob es mir gelingen könnte, mit weniger Geld ein ganz normales, gesundes Leben zu leben, in dem ich arbeiten UND Mutter sein konnte.

Ganz so unverblümt sagte ich das im Vorstellungsgespräch natürlich nicht – aber natürlich WURDE ich gefragt, was mich dazu bewegte, erhebliche Gehaltseinbußen in Kauf zu nehmen.

Ich erwiderte wahrheitsgemäß: „Wissen Sie, ich arbeite gern und hart, aber ich habe eine kleine Tochter, die noch in die Grundschule geht. Ich kann es mir nicht erlauben, jeden Abend um 21 Uhr nach Hause zu kommen. Wie soll mein Kind da vernünftig groß werden?"

Mein künftiger Chef sah mich ein bisschen skeptisch an – jedoch mit großer Sympathie. Ich hatte den Job. Der Rest war Formsache.

Ich hatte das große Glück, dass mein Noch-Arbeitgeber ein unglaublich schlechtes Gewissen hatte. Der Marketingvorstand hatte mich angerufen, um mich zu fragen, a) wie es mir ging, b) ob ich es mir nicht doch anders überlegen würde und c) was mich letztlich dazu bewogen hatte zu kündigen.

„Jana, wir kennen uns jetzt schon eine ganze Weile", meinte er. „Wenn du mir etwas zu sagen hast, dann sag es bitte. Ich möchte wissen, was bei euch im Team los ist."

Was sollte ich tun? Ich wollte Yvonne nicht offen an den Pranger stellen – andererseits hatte ich nun die Chance, zumindest meinen Kolleginnen und Kollegen, die noch dort arbeiteten, etwas Gutes zu tun. Ich erklärte also so vorsichtig wie möglich meine Beweggründe. Er verstand mich trotzdem.

Viel später erfuhr ich, dass die Kollegen schließlich auch den Betriebsrat eingeschaltet hatten und Yvonne gefeuert worden war. Für mich spielte das keine Rolle mehr. Dank des schlechten Gewissens meines Marketingvorstands war ich bis zum Ende meiner Arbeitszeit freigestellt und hatte die Chance, alles dafür zu tun, wieder auf die Beine zu kommen – von der Akutklinik bis hin zur Psychotherapie.

Heute noch erscheint es mir wie ein Wunder, dass ich es hinbekam. Aber es gelang. Ich fühlte mich wieder besser. Ich fing gemeinsam mit Malin an, Geige zu spielen. Ich arbeitete viel in meinem Garten. Ich wehrte mich nicht mehr gegen Medikamente, weil ich merkte, dass sie mir halfen. Und fünf Monate, nachdem ich auf der Messe zusammengeklappt war, fing ich meinen neuen Job an.

Ich weiß, eigentlich war das Kapitel dem Satz „Du bist ja nie da!" gewidmet. Und nun habe ich Sie damit gelangweilt, wie mein Arbeitsleben – und letztlich der Versuch, Job und Familie gerecht zu werden – mich in die Katastrophe geführt hat. Aber ich hoffe, Sie nehmen es mir nicht übel. Möglicherweise nutzt es Ihnen sogar, weil Sie vielleicht – wie ich auch damals – nicht die geringste Ahnung haben, dass etwas, was mit einem gereizten „Du bist ja nie da!" anfängt, in einer Abwärtsspirale münden kann, in der es um viel mehr geht als um mangelnde Kinderbetreuung oder die ungerechte Verteilung von Lasten in der Beziehung: Es geht um Leben oder Nicht-Leben. Klingt pathetisch? Ja, kann sein. Aber vielleicht nehmen Sie sich einen Augenblick Zeit und schauen sich in Ihrem Leben einmal um ... Wenn auch Sie nie da sind und Ihr Mann und Ihr Kind Ihnen das in regelmäßigen Abständen an den Kopf schleudern, dann ist es vermutlich höchste, ja, allerhöchste Zeit zu handeln.

6

DAS POLNISCHE AU-PAIR. ODER: DELEGIEREN IST ALLES

Natürlich habe ich mich gefragt, ob ich etwas hätte tun können, um die Eskalation zu verhindern. Rechtzeitig, meine ich. Und dabei ist mir, wieder einmal, klargeworden, wie verlogen die Debatte in unserer Gesellschaft tatsächlich ist. Wie so oft verrät uns schon die Sprache: Wir reden von der Vereinbarkeit von „Beruf" und „Familie" – und davon, dass dies in unserer modernen Welt keine Hürde mehr sein darf. Und natürlich übrigens auch nicht sei, wenn nur genügend Betreuungsangebote bereitgestellt würden. Jedes Kind hat ein Recht auf einen Kitaplatz, so steht es im Gesetz. Und zwar mittlerweile sogar schon, bevor es das erste Lebensjahr vollendet hat.

Moment! Zunächst einmal steht da nicht, dass das Kind einen Anspruch auf einen Betreuungsplatz in seinem Wohnviertel oder direkt nebenan hat – man denke an den Fall Katrin. Aber ist Ihnen etwas viel Interessanteres aufgefallen? Es ist der Begriff „Beruf".

Wenn man ein dreijähriges Kind hat, das sechs

Stunden am Tag in der Kita betreut wird, während man selbst von 8 Uhr morgens bis 13 Uhr am Mittag seinem Job nachgeht, das Kind dann mittags halbwegs pünktlich abholt, ihm zu Hause Pfannkuchen oder Fischstäbchen und Kartoffelbrei kocht und den Nachmittag mit Aktivitäten seiner Wahl verbringt, zählt das als Vereinbarkeit von Beruf und Familie?

Nicht unbedingt? Warum denn nicht? Man geht doch einer geregelten, bezahlten Arbeit nach – und obendrein ist man Mutter eines Kleinkinds, managt nebenbei noch den Haushalt und das Familienleben. Ach, Sie meinen, das ist es nicht, was man unter der Vereinbarkeit von Beruf und Familie versteht? Sehen Sie: Da haben wir das Problem. Was die Gesellschaft nämlich unter der Vereinbarkeit von „Beruf" und Familie zu verstehen scheint, was „propagiert" wird, ist in Wirklichkeit die Vereinbarkeit von „Karriere" – Vollzeit, eventuell Führungsposition – und Kindern (vorzugsweise Mehrzahl!).

Auf die Gefahr hin, jetzt für die letzte reaktionäre Hinterwäldlerin gehalten zu werden: Ich behaupte, diese Vereinbarkeit existiert nicht. So. Jetzt ist es raus. Und weil es sich so gut anfühlt, sage ich es gleich noch mal: Es GIBT KEINE VEREINBARKEIT von KINDERN und KARRIERE. Gott, tut das gut. Ich bin nicht sicher, ob ich es jemals so deutlich und unverblümt – und vor allem öffentlich! – ausgesprochen habe. Denn so etwas sagt man nicht. Es könnte ja sein, dass man sonst plötzlich die Aura der Superpowerfrau einbüßt. Und das wollen wir doch alle nicht. Obwohl – immer wieder treffe ich auf Frauen, denen das egal zu sein scheint.

Neulich zum Beispiel. Da habe ich mich mit einer Wissenschaftlerin unterhalten. Anfang vierzig, hoch angesehen, Professur an der Uni, dazu die Leitung einer Arbeitsgruppe in einem Fraunhofer Institut, witzig, schlagfertig – und Mutter von drei Kindern im Alter zwischen drei und elf. Ich erlaubte mir, sie auf das Thema Vereinbarkeit anzusprechen. Sie lachte herzlich.

„Wissen Sie, was?", sagte sie. „Ich kriege öfter mal Einladungen zu diesen Podiumsdiskussionen, bei denen es um die Vereinbarkeit von Kind und Karriere geht. Ich soll da das Musterbeispiel einer Frau abgeben, die genau das geschafft hat. Ha! Ich gehe da immer hin. Da rede ich dann mal Klartext!"

„Ach?", meinte ich interessiert. „Was sagen Sie denn da?"

„Ganz einfach: Ich erkläre dann, dass ich einen Mann habe, der in einer Bundesbehörde arbeitet. Er hat super geregelte Arbeitszeiten, er hat eine Kita im Haus und er hält mir vollständig den Rücken frei. Zugleich bin ich als Wissenschaftlerin in der glücklichen Lage, dass ich mir die Arbeit sehr flexibel einteilen kann – bis auf meine Lehrverpflichtungen kann ich arbeiten, wo und wann ich will. Und obendrein verdienen wir beide sehr gut, sodass wir uns tatsächlich auch mal Extra-Betreuung leisten können. Sonst würde das alles überhaupt nicht gehen. Und trotzdem sind wir oft noch furchtbar gestresst!" Und dann sagte sie noch etwas, über das ich schon oft nachgedacht habe: „Es geht nicht darum, dass ein Leben mit Kindern und Karriere nicht möglich wäre. Das Irreführende ist das Wort Vereinbarkeit! Das würde nämlich bedeuten, dass man beides gleichberechtigt sein kann: Mutter und beruflich erfolgreich. Und das ist schlicht ein Irrtum."

Und tatsächlich kenne ich kaum Fälle, in denen eine Mutter beiden Rollen vollständig gerecht wird. Zumindest nicht in der gleichen Qualität. Und nicht, ohne dass sie selbst Schaden nimmt. Sie können das eine tun – und das andere delegieren. Oder Sie widmen sich dem anderen – und müssen Ersteres zurückstellen.

Ich erinnere mich hervorragend an Siobhán. Sie ist Irin, dürfte um die 50 sein und war zu meiner Zeit im Konzern Mitglied des Vorstands und zuständig für die Schwellenmärkte. Ich weiß nicht mehr genau, ob sie zwei oder drei Kinder hatte, aber definitiv mehr als eins. Auch sie war eines dieser „role models". Ich glaube, wir haben sie sogar mal für die Mitarbeiterzeitschrift interviewt und sie gefragt, wie es ihr denn auf so einzigartige Weise gelinge, Top-Managerin und Mutter zu sein.

Wollen Sie wissen, wie? Sie hat ein polnisches Aupair. Und sieht ihre Kinder oft wochenlang kaum! Bitte nehmen Sie es mir nicht übel – aber das ist nicht meine Vorstellung von Vereinbarkeit.

Natürlich haben wir sie im Interview nicht gefragt, wie sie sich dabei fühlt, wenn ihre Kinder mal zu Hause krank im Bett liegen. Oder ob ihr Sohn manchmal sagt: „Mama, du bist ja nie da." Und ob es ihr wehtut, wenn das polnische Au-pair mit den Kindern den Weihnachtsbaum schmückt. Oder die Entscheidung trifft, ob es für die Kleine die blaue oder silberfarbene Brille werden soll. Das alles haben wir sie nicht gefragt. Stattdessen erzählte sie davon, wie perfekt ihr Alltag und der ihrer Kinder organisiert ist.

Ist das die Art von Vereinbarkeit, die wir für unsere Gesellschaft anstreben? Oder, noch wichtiger: Ist das die Vereinbarkeit, die Sie für sich und Ihre Familie anstreben?

Meine Welt ist das nicht. Ich glaube, ich sagte es bereits: Ich mag meinen Job und ich hatte nie das Gefühl, ich müsste auf Jahre ausschließlich für mein Kind da und folglich zu Hause sein. Doch während ich damals vor Bewunderung für Siobhán fast erstarrte, stelle ich heute, einige Jahre später, fest, dass mir das Leben für das Streben nach genau diesem Ideal knallhart die Quittung präsentiert hat.

„Vielleicht bist du nicht der Maßstab!", können Sie mir entgegenhalten. Richtig! Vielleicht bin ich nicht der Maßstab. Aber warum ist Siobhán der Maßstab? Wer bestimmt eigentlich, wer der Maßstab ist?

Wobei mir gleich noch eine andere Anekdote zum Thema Au-pair einfällt, die vielleicht erahnen lässt, dass man besser genau hinschauen sollte, bevor man etwas oder jemanden als Maßstab akzeptiert.

Es war bei einer dieser Abendveranstaltungen, auf die man manchmal eingeladen ist, wenn man in der Kommunikation arbeitet, und zu denen man gelegentlich auch hingeht. An diesem Abend unterhielt ich mich ziemlich angeregt mit einer Wissenschaftlerin – Sie sehen schon, ich gerate ziemlich häufig an Wissenschaftlerinnen – und irgendwann kamen wir auch auf das unvermeidliche Thema zu sprechen. Immerhin arbeitete sie Vollzeit an der Uni als Akademische Rätin, ihr Mann hatte einen Lehrstuhl, an der gleichen Uni, versteht sich, und ihre beiden Kinder waren 13 und 15.

Ich, mit meiner einzigen Tochter und meinem Vollzeitjob mehr als ausgelastet, fragte ehrlich interessiert: „Und wie machen Sie das dann mit den Kindern? Oder besser: Wie haben Sie das gemacht, als die Kinder noch kleiner waren? Also, ich habe ja nur eins, aber schon das ist oft echt stressig …"

Sie sah mich entgeistert an und sagte: „Ja, aber haben Sie denn kein Au-pair?"

„Nein," antwortete ich wahrheitsgemäß.

„Aber warum denn nicht? Sie brauchen ein Au-pair! Das ist eine so nützliche Sache. Also, wir hatten immer eins. Ohne wäre es gar nicht gegangen."

„Nun ja", meinte ich, „ich habe auch schon das eine oder andere Mal darüber nachgedacht, ob das vielleicht eine Lösung sein könnte – aber wissen Sie, das Mädchen würde dann ja wirklich bei uns in der Familie leben. Und ich bin nicht ganz sicher, ob wir uns das vorstellen können. Man teilt dann ja doch alles, und selbst wenn das Au-pair am Wochenende freihat und in seinem Zimmer ist oder ausgeht oder verreist – man ist doch als Familie nie mehr wirklich für sich …"

„Oh. Ach so. Na ja", meinte sie. „Daran habe ich jetzt gar nicht gedacht. Wir haben damals, als wir gebaut haben, die Einliegerwohnung für das Au-pair gleich mitgeplant. Aber wenn Sie natürlich nur ein kleineres Haus haben ..."

Ich nickte. „Ich habe nur ein kleineres Haus."

„Ja, dann ... Klar, dann ist das schwierig."

Und damit war das Thema Au-pair erledigt. Ich glaube, Sie verstehen, was ich meine.

Was übrigens nicht heißt, dass ich das Konzept eines Au-pairs grundsätzlich infrage stellen möchte, im Gegenteil. Es kann eine ganz hervorragende Unterstützung sein. Meine Freundin Christiane zum Beispiel hatte, seit ich denken kann, immer ein Au-pair. Drei unterschiedliche Mädchen lebten im Lauf der Jahre mit in ihrer Familie, zwei aus der Ukraine, eins aus Litauen – und die Kinder liebten sie. Der Hund liebte sie. Christiane liebte sie. Nein, keine Sorge, ich spare mir den schlechten Witz, auf den Sie vielleicht gewartet haben. Aber ich denke, wir sind uns einig, dass man ein Au-pair nicht als die Paradelösung schlechthin anführen kann. Obwohl: Vielleicht sollte ich mir doch so ein polnisches Au-pair ...?

Aber nein. Je länger ich darüber nachdenke, desto schwachsinniger kommt mir die Idee vor, einfach schon das bloße Vorhandensein von Betreuungsangeboten zum Allheilmittel für das Vereinbarkeitsproblem auszurufen. Denn Mutter ist man 24 Stunden am Tag – und zwar sein ganzes Leben lang. Besonders klar wurde mir das immer, wenn ... ach, lesen Sie selbst.

MEIN JOB. MEIN KIND. MEIN LEBEN?

7
DIE MÜTTER-LEISTUNGSSCHAU

Haben Sie vielleicht zufällig das Buch „Working Mum"
von Allison Pearson gelesen? Nein? Ich will nicht
sagen, dass man das unbedingt gelesen haben muss –
aber ich habe es von einer Kollegin geschenkt
bekommen, als nach außen recht deutlich sichtbar
war, dass ich bald selbst eine solche sein würde.

Sie drückte es mir mit einem Grinsen in die Hand
und meinte: „Da kannst du dich schon mal drauf
einstimmen, was dir blüht." Ich nahm das Ding und
las es in einem Zug durch. Es war hübsch
geschrieben, sogar ganz witzig. Trotzdem konnte ich
nicht so richtig lachen. Weil ich gar nicht verstand,
was an der Story lustig sein sollte. Und schon
überhaupt nicht fühlte ich mich irgendwie
angesprochen.

In der Rückschau ist das die entscheidende
Erkenntnis: Ich fühlte mich nicht angesprochen, weil
ich nicht die geringste Vorstellung hatte, wie sich
mein Leben ändern würde. Ich wusste nichts davon,
was es bedeutet, immer, ständig, zu jeder Sekunde
die Verantwortung für ein zweites Leben zu haben.

„Und das ist auch gut so", könnte man jetzt sagen, „sonst würde ja niemand mehr Kinder bekommen."

Das ist natürlich Quatsch: Ich würde jederzeit und immer wieder Kinder wollen, auch jetzt, wo ich ganz genau weiß, wie sich das Leben dadurch ändert. Eigentlich hätte ich sogar gerne mehr gehabt als eins. Zwei vielleicht oder sogar drei. Es hat nicht sein sollen – aber wenn mich eine junge Frau fragt (und manchmal tut das eine), ob ich heute alles anders machen würde, dann sage ich immer: „Ich würde einiges anders machen – aber Mutter würde ich immer wieder sein wollen."

Verstehen Sie mich nicht falsch: Das gilt für mich und nur für mich. Ich gehöre nicht zu jenen Leuten, die der Meinung sind, ein Leben ohne Kinder sei nicht vollständig. Ich bin hier schließlich nicht die Mütter-Missionsbeauftragte. Nur zwei Dinge stehen für mich persönlich fest: Erstens: Ohne meine Tochter kann ich es mir gar nicht mehr vorstellen. Und zweitens: Ich hatte keine Ahnung von einem Leben mit Kind.

Es mag naiv klingen, aber eigentlich glaubte ich insgeheim schon irgendwie, ich könnte das alles mit links schaffen. Und Kate, die Hauptfigur in „Working Mum" schien mir ein bisschen eine Jammerliese zu sein. Mit MEINEM Leben, das war mir, ehe Malin das Licht der Welt erblickte, völlig klar, hatte dieses Buch nichts zu tun.

Ich verrate Ihnen etwas: Ich habe das Buch später irgendwann noch einmal gelesen, da war Malin bereits im Kindergarten. Ich habe mich halb totgelacht. Manchmal blieb mir das Lachen auch ein ganz klein wenig im Hals stecken. Und noch heute – obwohl die Lektüre mindestens sechs, sieben Jahre her sein dürfte, erinnere ich mich an die gekauften Kekse, die Kate mitten in der Nacht mit Schokolade bestrich, damit sie aussahen, als seien sie „selbst gebacken". Was mich zum Titel dieses Kapitels bringt: die Mütter-Leistungsschau. Und da spielt „selbst gebacken" eine wirklich, wirklich große Rolle. Denn was immer man auch tut, wenn man selbst backt, kann man schon gar keine ganz schlechte Mutter mehr sein. Selbst backen – das ist so etwas wie der Ritterschlag für die gute Mutter. Für eine Frau, die das im Griff hat mit ihrer Familie, Arbeit hin oder her.

Und deshalb ist das Selbstgebackene auch die heimliche – oder ganz offene Währung – im Mütterleben. Die Krippe veranstaltet ihr Sommerfest: Kuchen backen! Im Hort, in der Schule ist Basar, Elterntag, Sportevent, weiß der Kuckuck was. Was wird verlangt? Selbstgebackenes. Weihnachtsfeier, Osterfest, Nikolaus? Selbstgebackenes. Geburtstagsstündchen in der Klasse? Sie wissen, was los ist ... Kuchen, Torten, Plätzchen, Osterlämmchen, Muffins, Brot.

„Leute!", hätte ich manchmal am liebsten geschrien, „Ich bin Journalistin, keine Konditorin!" Aber das habe ich mich natürlich nicht getraut.

Ich will Ihnen etwas gestehen: Ich bin tatsächlich keine tolle Bäckerin. Klar, ich kriege einen Marmorkuchen zustande und auch die gängigen zwei, drei Plätzchensorten. Aber genau genommen schmecken mir auf Festen immer die Kuchen anderer Leute besser – und, das muss ich leider sagen, meiner Tochter auch. Wenn meine eigene Mutter mit ihren mittlerweile über 80 Jahren einen Kuchen backt (und schon sie war nicht die Exzellenteste unter allen Bäckerinnen), schaufelt Malin drei, vier Stücke in sich hinein. Backe ich einen, heißt es: „Mama, kein Problem, wenn du die Hälfte davon mit in die Arbeit nimmst ..." Auch gut. In der Arbeit kommt er schon weg (übrigens auch so ein Phänomen ... in einem anderen Buch vielleicht).

Warum um alles in der Welt also habe ich zehn Jahre lang fast zwanghaft gebacken?

Irgendwann kam dann eine sehr schlaue Mutter – vermutlich hat sie selbst viel gearbeitet – mit einer akzeptablen Alternative für alle Feste und Feiern dieser Welt: Brezeln. Und Brezeln, die durfte man natürlich kaufen. Von dem Moment an hieß es in den Aufrufen zumindest: Wer backt einen Kuchen oder wer stiftet zehn Brezeln? Sie ahnen es schon: Ich habe von da an meist Brezeln gestiftet. Aber immer, wirklich jedes Mal, blieb irgendwo in meinem tiefsten Inneren ein Funke schlechtes Gewissen, wenn ich all die leckeren, selbst gebackenen ...

Nein. Ich erspare mir das jetzt. Denn eines ist klar: Es gibt sie, die Frauen, die nicht nur Super-powerfrauen, sondern auch Superpowermütter sind. Ich weiß nicht ganz genau, ob nicht auch sie insgeheim manchmal ein bisschen gestresst sind, aber zumindest nach außen hin merkt man ihnen nichts an. Nicht das Geringste. Je nach meiner eigenen psychischen Stabilität schwanke ich mit Blick auf sie zwischen Bewunderung, Neid und Hass. Wobei vollkommen klar ist, dass der Hass letztlich nicht diesen Müttern gilt – um Gottes willen, nein! –, sondern nur der Tatsache, dass ich ständig das Gefühl habe, sie halten mir höhnisch meine eigene Unzulänglichkeit vor Augen. „Schau, Jana, so geht das!", scheinen sie mir zu sagen, während sie – neben dem Job natürlich –, stets mit einem Lächeln auf den Lippen nicht nur ein, sondern zwei oder drei kleine Kinder versorgen, von Kopf bis Fuß ausstatten, die Familie organisieren, nie einen Geburtstag vergessen, basteln, spielen, Shuttle spielen, Partys ausrichten. Und das Ganze tun sie nicht etwa aus Pflichtbewusstsein – oh nein: Sie lieben es! Sie haben SPASS daran! Und natürlich backen sie immer. Sie würden niemals gekaufte Brezeln mitgeben. Sie wissen nicht einmal, wie man Backmischung buchstabiert. Und ein gesundes Frühstück gibt es auch immer bei ihnen. Denn eine gute Mutter erschöpft sich selbstverständlich nicht in Selbstgebackenem. Auch das Selbstgekochte sollte man als Leistungsindikator nicht unterschätzen.

Ich glaube, es fing an, als Malin ein paar Wochen alt war. Anfangs habe ich natürlich gestillt, das gehörte sich so, obwohl ich gehört habe, dass es Kinder geben soll, die es geschafft haben, auch mit dem Fläschchen groß zu werden – aber gut, Stillen ist wirklich sehr bequem und es hat den unglaublichen Vorteil, dass man rasend viele Kalorien verbrennt, was dafür sorgt, dass man voller Gier drei Faschingskrapfen mit Hiffenmark verschlingen kann und trotzdem die Schwangerschaftspfunde verliert.

Irgendwann kam jedoch der Moment, an dem wir feststellen mussten – und mit wir meine ich die Frauen in meinem Freundes- und Bekanntenkreis, die alle in etwa zur gleichen Zeit ein Kind bekommen hatten –, dass unsere Babys langsam mehr brauchten als das, was wir zu bieten hatten. Über die Vorteile für arbeitende Mütter will ich mal gar nicht reden („Tut mir leid, ich muss leider Punkt halb sechs zu Hause sein, sonst platzen meine Brüste ...").

Ich kaufte also eine kleine Auswahl an Demeter(!)-Babygläschen und wollte gerade herausfinden, ob Malin irgendetwas davon aß, als Rike anrief.

„Hi Rike, wie schön, dass du anrufst! Ich kann leider nicht lang, ich will Malin füttern."

„Ach, du fütterst jetzt zu? Was denn?"

„Hm. Also, das werde ich sehen. Ich hab hier ein Gläschen, das heißt *Milde Karotte*, das soll ja immer gehen, hab ich gehört ..."

„Ach, du hast ein Gläschen."

„Ja."

„Gekauft."

„Ja. Du nicht?"

„Also ich hab Pastinakenbrei gekocht. Bio-Pastinaken natürlich. Der ist auch sehr mild. Hat quasi keine Säure und ist sehr verträglich."

Ähm. „Du hast Pastinakenbrei gekocht."

„Ja. Ich hab gleich ganz viel davon gemacht, den

friere ich dann ein, dann kann ich nach Bedarf was auftauen und Hanna hat immer was wirklich Gesundes."

„Verstehe. Und mag Hanna den Pastinakenbrei?"

„Na ja, im Moment spuckt sie noch alles aus, aber das lernt sie schon, die Kinder müssen sich ja auch erst an die feste Nahrung gewöhnen."

So war es vermutlich. Hanna spuckte den Pastinakenbrei aus, Malin den Karottenbrei und nach einigen Wochen aßen beide ihren jeweiligen Brei und waren im Wesentlichen gesund. Nur dass ganz klar war, wo die Benchmark lag: bei selbst gekochtem Pastinakenbrei. Selbst! Ge! Kocht!

Vielleicht muss ich dazusagen, ich mag Rike sehr. Sie ist eine richtig gute Freundin. Aber die ersten Lebensjahre von Malin und Hanna wollte ich am liebsten möglichst wenig mit ihr reden, weil ich mich hinterher immer unzulänglich fühlte.

„Das ist doch wohl dein Problem!", können Sie jetzt sagen, und zwar wahrscheinlich völlig zu Recht. Schließlich ist es nicht nur Rikes gutes Recht, eine wundervolle Mutter zu sein und so viel Pastinaken-brei zu kochen, wie sie will, sondern es ist ganz sicher mein Problem, wenn ich nicht selbstbewusst genug bin zu sagen: „Gut, sie macht es so – und ich mache es eben anders."

Vielleicht sind Sie da ganz entspannt und wissen gar nicht, was ich meine. Dann freue ich mich wirklich und ehrlich für Sie. Allerdings muss ich dazu zwei Dinge sagen. Erstens: Ich gelte nicht direkt als unsicherer Mensch. Es gibt eine Menge Dinge, die ich richtig gut kann, aber vieles davon habe ich einfach gelernt! Ich bin eine gute Journalistin und PR-Frau, weil ich eine gute Ausbildung hatte und mittlerweile auch noch jahrlange Erfahrung dazugekommen ist. Es gibt im Job wenig Situationen, die mich vor unlösbare Aufgaben stellen oder mich wirklich überfordern. Es ist also kein Wunder, dass ich dort mit einem gewissen Selbstbewusstsein auftreten kann. Wenn ich mich mit anderen routinierten Kommunikationsleuten unterhalte, stelle ich meistens fest, dass wir viele Dinge ähnlich machen. Und wenn ich merke, jemand geht etwas anders an als ich, kann ich mir das entspannt angucken und prüfen, welcher Weg, ganz objektiv betrachtet, der Bessere ist. Und dann bleibe ich entweder bei meiner Weise – oder übernehme auch mal etwas von anderen, schließlich habe ich die Weisheit nicht gepachtet. Da bricht mir kein Zacken aus der Krone. Ich fühle mich auch kein bisschen unzulänglich. Anders in meiner Rolle als Mutter – da hatte ich keine Ausbildung. Ich hatte keine Ahnung, wie's geht. Dafür aber das permanente Gefühl, es gebe ein klar definiertes „Richtig" und „Falsch", über das Leute wie Rike scheinbar bestens Bescheid wussten.

Und zweitens: Wissen Sie, worüber ich mich im Nachhinein kaputtlachen könnte? Rike hatte genauso wenig Ahnung! Sie hat es mir neulich in einem stillen Augenblick verraten. Sie hatte nicht den geringsten Schimmer, sondern eben auch nur gehört oder gelesen, man müsse ganz dringend frischen Pastinakenbrei und so weiter und so fort ... Und weil auch sie eine Superpowermutter war, hat sie eben ihr Bestes versucht. In jeder Hinsicht. Zum Beispiel lernte Hanna frühzeitig alle Instrumente und Sprachen, die man aus Rikes Sicht so können musste.

Übrigens hat Rike natürlich gleich nach Hannas Geburt Vollzeit gearbeitet und Kate aus „Working Mum" ist gegen sie ein Heimchen am Herd. Sie hat allerdings den Vorteil, dass ihr Mann Künstler und viel zu Hause im Atelier ist – daher war zumindest das Betreuungsthema nie ein Problem. Komischerweise zeigte Rike trotzdem alle Symptome der Superpowerfrau, der Superpowermutter und leider auch der Überforderung. Was meine These bestärkt, dass Betreuung das Problem nicht löst.

Soll ich Ihnen eine ziemlich skurrile Geschichte erzählen? Meine Urgroßmutter väterlicherseits hat angeblich bei der Feldarbeit entbunden. Und den Erzählungen zufolge ging sie danach mit dem kleinen Baby im Arm einige Kilometer nach Hause, legte das Kind in die vorbereitete Wiege und kehrte aufs Feld zurück. Es war schließlich noch vor dem Abendläuten und die Ernte musste eingebracht werden.

Ich habe mich immer gefragt, ob sie das Baby einfach so allein daheim ließ oder ob, was damals sehr häufig war, eine alleinstehende alte Verwandte, die nicht mehr arbeiten konnte, darauf aufpasste. Ich weiß es aber nicht genau. Und ebenso wenig, ob die Geschichte sich wirklich exakt so zugetragen hat. Nur eins weiß ich sicher: Könnte sie diese Zeilen lesen, sie würde – im günstigsten Fall – gar nicht so recht kapieren, wovon da die Rede ist, und – im weniger günstigen Fall – denken, die Autorin sei irgendwie psychisch gestört. Früher brauchte man keine Ausbildung zur Mutter, das ging ganz einfach so, vielleicht hat die eigene Mutter oder irgendeine Tante einem Ratschläge gegeben, aber auch das steht nicht fest. Erstaunlicherweise sind die Kinder trotzdem groß geworden.

Was läuft also falsch? Ich habe keine Ahnung. Vielleicht ist das Problem nur in unseren Köpfen. Vielleicht haben Vereinbarkeitsmütter einfach nur das Gefühl, sie müssten alles perfekt machen, um zu zeigen, dass sie Beruf und Familie im Griff haben.

Eins ist dabei allerdings wirklich nicht hilfreich: Mütter, DIE alles perfekt machen. Und wissen Sie, warum nicht? Sie verderben die Preise. Es mag sein, dass sie das nicht absichtlich tun. Genau genommen bin ich sogar sicher, dass es keine Absicht ist. Im Gegenteil, auch sie wollen ja nichts anderes, als alles für die Kinder schön machen. Aber es lässt sich nicht wegdiskutieren: Einige sind perfekt. Die anderen sind perfekter. Natürlich bemerken Kinder das nicht gleich. Wenn sie noch klein sind, wissen sie es ja nicht besser – man kann also alles (oder zumindest vieles) so falsch machen, wie man möchte: Zumindest der eigene Sprössling wird es einem nicht vorhalten. Das ändert sich freilich, wenn das Kind älter wird. Denn dann kommt zum sozialen Druck von außen der Druck innerhalb der Familie.

„Du weckst mich nie mit Kakao!", jammerte Malin neulich mit kläglicher Miene.

„Was meinst du denn damit, Malin?", fragte ich.

Da stellte es sich heraus: Die Mutter ihrer Freundin Tina steht jeden Morgen um halb sechs auf, macht Kakao, bringt ihn Tina ans Bett und danach darf Tina noch mal eine Viertelstunde dösen, bevor sie dann endgültig aus den Federn muss. Ich dagegen stehe erst um halb sieben auf, weil ich leider ein Morgenmuffel bin und selbst halb sieben für mich die Hölle in Tüten ist. Ich wecke Malin daher um fünf Minuten nach halb – und sie muss auf der Stelle ins Bad, damit wir alle fertig werden. Kakao gibt es dann später unten. Und manchmal auch gar nicht, je nachdem, WIE spät wir dran sind.

„Tja, Mama", sagte meine Tochter mit einem unüberhörbar schnippischen Unterton, „Tinas Mutter macht das halt für ihre Tochter."

Na gut. Soll sie. Mist.

In der Grundschule durften die Kinder regelmäßig mit ihrer Lehrerin ins Eisstadion zum Schlittschuh-laufen gehen. Es wurde darum gebeten, dass immer einige Mütter mitkamen, um die Lehrerin etwas zu entlasten: den Kindern beim Anziehen zu helfen, aufzupassen, dass alle ihre Helme aufhaben, mit warmem Kinderpunsch am Rand zu warten und so weiter.

„Du gehst nie mit Eislaufen wie alle anderen Mütter", jammerte Malin.

Ja, klar, ich hätte dafür einen Tag freinehmen müssen! Und letztlich habe ich dann erfahren, dass tatsächlich auch so manch andere Mutter nicht dabei war, während einige die Gruppe eben häufiger begleiteten. Tinas Mutter nahm sich dafür übrigens einen Tag frei. Und da war es wieder, mein schlechtes Gewissen.

Dramatisch wurde es, als die sogenannten „Sleepover" anfingen. Ständig übernachtete Tina bei Leonie, Leonie bei Kira, Kira bei Lisa und Lisa bei uns. Wogegen ich nicht grundsätzlich etwas hatte. Ich mag Malins Freundinnen, ich mag ihre Mütter, die Mädchen sind in unserem Haus immer herzlich willkommen. Nur reichte es bald nicht mehr, wenn EIN Kind übernachtete, es mussten immer mindestens zwei sein. Oder gleich mehrere. Und weil das ja nur am Wochenende ging, hatte ich bald nur noch drei Optionen:

Malin übernachtete von Samstag auf Sonntag woanders. Am Sonntag holten wir sie gegen Mittag ab und der Tag war gelaufen. Sie hatte in der Regel nicht geschlafen, war miserabel gelaunt, maulte uns nur an, und wenn ich mich am Nachmittag mit ihr hinsetzte, um die Hausaufgaben zu machen, waren wir hinterher beide reif fürs Bezirkskrankenhaus. Von irgendwelchen Familienaktivitäten am Sonntag konnte man ohnehin nur noch träumen, Malin schaffte es vor Müdigkeit höchstens noch, sich vor die Glotze zu setzen.

Die zweite Option war nicht viel besser: Mindestens eins, aber manchmal auch mehrere Kinder übernachteten bei UNS. Das bedeutete dann, es schliefen weder die Kinder noch wir, zumindest nicht länger als sechs Stunden, und ich war den ganzen nächsten Tag damit beschäftigt, das Haus wieder in einen bewohnbaren Zustand zu versetzen. Ich frage Sie: Kennen Sie das? Ich weiß nicht, vielleicht bin ich nicht ganz normal, aber wenn ich die ganze Woche schufte, würde ich gern meinen Sonntag nicht mit Putzen und Aufräumen verbringen, wenigstens nicht komplett.

Die dritte Variante: Malin durfte zwar zum Spielen zu ihren Freundinnen gehen, musste aber abends nach Hause kommen. Das war vermutlich die schlechteste der drei Optionen. Denn dann hatte ich eine Woche lang eine schlecht gelaunte Malin, die mir jeden Tag Vorhaltungen machte, plus zwei andere Mütter, die mich für doch recht kompliziert hielten, und das Gefühl, meine Tochter würde von allem ausgeschlossen, was ihr Spaß machte.

Geburtstagsfeiern sind übrigens auch so eine Herausforderung. Ich kann mich erinnern, dass ich als Kind so viele Mädchen einladen durfte, wie Kerzen auf dem Kuchen brannten. Sie kamen zu uns in den Garten – ich bin zum Glück, wie meine Tochter, im Sommer geboren – und wir spielten irgendetwas. Zum Beispiel Gummihüpfen oder Verstecken oder auch „Kaiser, Kaiser, wie viele Schritte darf ich gehen?" Zwischendurch aßen wir Kuchen und tranken Limo. In den Familien, in denen sich die Eltern etwas mehr Mühe gaben, wurde das Spieleprogramm tastsächlich organisiert. Dann standen Topfschlagen, Reise nach Jerusalem und

Hänschen piep einmal auf dem Programm. Und natürlich jede Menge Schokolade. Um fünf oder sechs gingen die Gäste hochzufrieden nach Hause und der Geburtstag war ein Erfolg.

„Ha!", kann ich da nur sagen. „Ha-ha-ha!" Erstens einmal: Unter zehn Kinder geht gar nicht. Die Freundinnen aus dem Kindergarten, die aus der Schule, die aus dem Verein und dann noch die Nachbarskinder – also, da kann man von Glück sagen, wenn es nicht MEHR als zehn sind. Spieleprogramm ist auch uncool. Alpaka-Reiten, Bauernhof, Indoor-Spielplatz, Kletterpark, Segway-Fahren, Escape-Room, unterirdische Gänge, Zelten, der bestellte Clown ... tja, heute muss man sich etwas einfallen lassen. Und natürlich müssen ALLE Kinder übernachten.

Wissen Sie, was ich manchmal glaube: Dieser Reigen der Superlative geht vor allem von all den Kind-und-Karriere-Müttern aus. Weil sie sonst nicht so viel Zeit für ihren Nachwuchs haben, muss es wenigstens zum Geburtstag etwas Besonderes sein. Woher ich das weiß? Ganz einfach: In diesem Fall gehören mein Partner und ich vermutlich zu den Eltern, die von allen anderen gehasst werden. Denn, was soll ich sagen: Wir waren echt ziemlich gut. Töpfern, Kindertheater, Schnitzkurs, Kochschule ... Soll noch mal einer behaupten, ich sei keine gute Mutter, weil ich meinem Kind nicht jeden Tag ein Mittagessen koche!

Apropos Mittagessen. Auch so ein Fall: Malin war

ganztags in der Krippe, ganztags im Kindergarten, ganztags im Hort und jetzt ist sie ganztags in der Schule (bis 16 Uhr, heißt das). Und immer hat sie logischerweise in der jeweiligen Einrichtung auch zu Mittag gegessen. Natürlich haben wir Eltern stets diskutiert (erwähnte ich, dass ich in diversen Elternbeiräten war?), ob das Essen unsere Ansprüche an die Qualität erfüllt, ob es Bio-Essen sein muss und ob es wichtig ist, neben einem vegetarischen Gericht auch eines ohne Schwein für Muslime anzubieten. Aber letztlich bin ich der festen Überzeugung, das Essen in den Einrichtungen war immer ordentlich und vermutlich ausgewogener, als wenn ich zu Hause für mein Kind gekocht hätte.

Dennoch bekomme ich regelmäßig zu hören: „Mama, wenn Ivana heimkommt, dann ist ihre Mama zu Hause und hat ihr was gekocht. Sie kriegt mittags Pfannkuchen oder was anderes Leckeres. Und nur ich (NUR ICH!) muss immer mittags auswärts essen. Ich will auch mal heimkommen und du bist da und kochst!"

Auf der Stelle nagt ein böser kleiner Wurm an meinem Herzen. Ich denke daran, wie glücklich es mich früher gemacht hat, nach Hause zu kommen zu meiner Mama, die Schultasche in die Ecke zu feuern, Grießschnitten, Reisauflauf oder Schinkennudeln vorgesetzt zu bekommen, nach dem Essen ein halbes Stündchen zu schlafen und dann ganz gemütlich die Hausaufgaben zu machen, während meine Mama nebenan bügelte. Meine arme, arme, arme kleine Malin.

Ich glaube, es reicht mit den Beispielen. Aber falls Sie noch nicht genug haben:

„Mama, die Mutter von Lina macht für ihre Kinder eine Poolparty mit allen Kindern aus der Nachbarschaft!"

„Maaaaama, warum krieg ich keine Hasen. Die Pauline hat welche, und die dürfen sogar in ihrem Zimmer wohnen."

„Mama, nie hast du Zeit, mit mir zu basteln!"

„Mama, andere Eltern helfen ihren Kindern bei den Hausis, die kontrollieren nicht nur, wenn sie fertig sind!"

Malin hat völlig recht. Das meiste davon mache ich nicht. Und wissen Sie, warum? Weil ich nach 40 Stunden (jetzt) oder gar 60 Stunden (früher) am Abend und am Wochenende, nachdem ich auch noch eingekauft, die Rechnungen bezahlt, den Haushalt gemacht und mich um den Garten gekümmert habe, einfach keine Kraft und keine Energie mehr habe. Vielleicht haben Sie mehr davon? Das würde mich freuen. Ich bin froh, wenn ich alles gerade eben so schaffe. Und ich will einfach nichts mehr hören von Tinas Kakao am Bett, Ivanas Mutter, die immer kocht, Paulines Hasen oder Linas Poolparty.

Ist Ihnen etwas aufgefallen? All das, was Malin mir entgegenschleudert und was sie scheinbar vermisst, sind nicht etwa Dinge, die man wunderbar mit der entsprechenden Betreuung regeln könnte. Es sind Dinge, die mit mir als Mutter zu tun haben. Und genau das sind letztlich auch die Dinge, mit denen ich nicht gerechnet habe, als ich mein wundervolles neues Leben mit Beruf und Familie geplant habe. Ich habe einfach vergessen einzubeziehen, dass die Summe aller Teile mehr ist als eins.

Übrigens kenne ich so einige Frauen, die das scheinbar ebenfalls nicht bedacht haben. Die bemerkenswertesten Fälle sind die meiner beiden ehemaligen Kolleginnen Marguerite und Katja.

Bei Marguerite tut es mir besonders leid. Sie kennen die Geschichte schon. Mit einem Mal war ihr ganzer schöner Plan keinen Pfifferling mehr wert. Und es dauerte sehr lange, bis es ihr gelang, ihre beruflichen Ansprüche an sich selbst mit ihren Ansprüchen an sich als perfekte Mutter so zu verquicken, dass sie langsam wieder in den Job einsteigen konnte. Ich muss dazu sagen: Immer, selbst als sie ganz unten im Seelentief angelangt war, sagte Marguerite, ihr Sohn sei ihr ganzes Glück und sie wolle ihn nie, niemals missen. Und ich bin sicher, das ist auch so. Wir können uns also Argumente sparen, die so ähnlich lauten wie: „Also ist es vielleicht besser, keine Kinder zu bekommen, zumindest nicht, wenn man als Frau im Job erfolg-reich sein will." Das mag sachlich richtig sein – aber es geht am Leben raketenmäßig vorbei.

Richtig schockiert aber hat mich Katja. Sie war eine zauberhafte junge Frau: lustig, herzlich, mit langem rotem Haar und immer guter Laune. Ich traf sie kürzlich am Abend, als wir uns anlässlich des Geburtstags einer gemeinsamen Kollegin zu einem Drink verabredet hatten. Ihre kleine Tochter ist jetzt

15 Monate alt. Katja arbeitet im Moment vier Stunden pro Woche im Homeoffice. Und möchten Sie raten, wann sie diese vier Stunden ableistet? Am Sonntagnachmittag, wenn ihr Mann mal Zeit hat. Unter der Woche lässt es sich einfach nicht einrichten, berichtete Katja, weil ihre Tochter sehr anhänglich sei, sie bliebe weder bei einer Tagesmutter noch in einer Krippe, und auch zu Hause bei Katja bedürfe sie ständiger Aufmerksamkeit.

Und dann sagte Katja etwas Schockierendes. „Ich war auf all das nicht vorbereitet", erklärte sie. „Es tut mir leid, es geht mir nicht gut, ich weiß, ich darf das eigentlich nicht sagen, es ist verpönt, aber mir geht es echt nicht gut." Um dann noch den ganz schlimmen Satz dranzuhängen: „Manchmal wollte ich einfach nur sterben."

Bitte! Ich will nicht dramatisieren. Jetzt, da Katjas Tochter jeden Tag ein bisschen älter und ein bisschen unkomplizierter wird, wird auch Katjas Leben sich langsam, aber sicher wieder normalisieren, es wird leichter werden, die Kleine mal für ein paar Stunden abzugeben, und auch im Homeoffice wird Katja mal zwei, drei Stunden am Stück Konzentration finden, wenn das Kind schläft. Vielleicht wird sie sogar irgendwann wieder beinahe das zauberhafte Mädchen von vorher sein und nicht mehr zehn Jahre älter und völlig fertig aussehen. Nur: Es wird noch sehr lange dauern, bis Katja wieder mit der gleichen Kraft und womöglich Vollzeit arbeiten – oder gar Karriere machen – kann.

Ja, aber das ist doch wohl eher eine Ausnahme,

sagen Sie. Vielleicht haben Sie Recht. Aber das Leben ist eben bunt und vielfältig und wir können uns nicht darauf verlassen, dass unser Leben mit Kind und Karriere zu hundert Prozent planbar ist, wie dies in der öffentlichen Debatte gerne suggeriert wird.

Sie dürfen mir glauben, ich habe mit Marguerite und Katja mitgelitten. Auf der anderen Seite trösten mich ihre Geschichten auch ein bisschen. Sie zeigen mir, dass ich nicht einfach eine Loserin bin, die Beruf und Familie nicht auf die Reihe kriegt, weil sie unfähig, schlecht organisiert oder zu empfindlich ist. Vielmehr sind sie für mich ein Beweis, dass die Parameter nicht stimmen – und die gesellschaftliche Debatte an irgendeiner argumentativen Kreuzung falsch abgebogen ist.

Ach, eins noch: Zumindest was die schweren Entwicklungsstörungen durch falsche Babynahrung angeht, die den armen Kleinen droht, die nicht selbst gekochten Pastinakenbrei oder mindestens Demeter-Karotten bekommen, kann ich absolute Entwarnung geben. Malin war genau zehn Monate alt, als wir mit ihr zum ersten Mal ins Ausland fuhren. Wir machten eine Reise nach Andalusien. Und weil es bekanntlich in Spanien nichts zu essen gibt und die Kinder dort alle unterernährt sind, fühlte ich mich bemüßigt, Bio-Babygläschen in den Urlaub mitzuschleppen. Für jeden Tag zwei. Mein halber Koffer war voll.

Nur: Als wir in Andalusien waren, lief nie etwas so, wie wir es geplant hatten. Und wir saßen immer gerade in irgendeiner Tapas-Bar am Meer, wenn

Malin unvermittelt unglaublichen Hunger bekam und ich nicht ein einziges der mitgebrachten Babygläschen dabeihatte. Ich sehe uns noch in Nerja auf dem Marktplatz sitzen, etwa fünf Kilometer von unserem Hotel entfernt. Malin kreischte vor Hunger. Mein Mann tigerte los, um Babynahrung aufzutreiben. Er wurde tatsächlich in einer Apotheke (!) fündig. Dort kaufte er ein Babygläschen mit Seefisch. Seefisch! Malin mochte keinen Fisch. Und da schleppt dieser Mann Seefisch an. Ganz zu schweigen davon, dass wir keine Gelegenheit hatten, das Gläschen zu erwärmen.

„Egal", sagte ich und bat die Bedienung um einen kleinen Teelöffel. Und siehe da: Malin löffelte den kalten Seefisch, als wäre er Vanillepudding mit Sahne. Und als sie das ganze Seefischgläschen verzehrt hatte, quietschte sie so lange, bis ich ihr – zum ersten Mal – ein Stück Weißbrot in die Hand gab, an dem sie lutschte, bis ihr kleiner, fast zahnloser Gaumen rot war. Und dann schlief sie glücklich ein. Während mein Mann und ich ebenso glücklich ein Glas Weißwein nach dem anderen tranken und nach zehn Monaten zum ersten Mal wieder das Gefühl hatten, es gäbe neben einem kleinen Kind auch noch uns, zwei erwachsene Menschen, die auch ab und an einmal ein Recht auf Leben hatten.

8
VON URLAUBEN UND FREIEN TAGEN

Weil ich vorhin Recht auf Leben sagte: Natürlich hat auch eine Working Mom Urlaubstage, Anspruch auf Freizeitausgleich, Wochenenden und andere freie Tage. Und das ist gut so.

Ich weiß nicht, ob Sie das kennen – aber es gibt diese Tage, an denen man morgens das Haus noch nicht verlassen habt, um zur Arbeit zu fahren, und der Blutdruck ist bereits auf 180 und der Puls auf 120. Das Kind muss fertig gemacht werden für die Krippe, den Kindergarten, die Schule und der erste Termin im Büro beginnt ebenfalls um acht. Eigentlich sind diese Tage schon gelaufen, bevor sie begonnen haben. Bevor man in der Arbeit ankommt, ist man auf einem Stresslevel, den man maximal gegen Mittag erreicht haben sollte.

Das ist nun freilich nichts Ungewöhnliches, wenn man Kinder hat – jede einzelne Mutter dieser Nation wird wissen, wovon ich spreche. Demnach ist es auch kein Grund zum Jammern. Es ist eben einfach so. Doch angesichts dessen ist auch völlig klar, dass man einem Wochenende, einem freien Tag oder gar einem Urlaub entgegenfiebert, als wäre er die Rettung aus der Hölle.

Und dann, dann ist er endlich da! Der freie Tag. Oder der Urlaub. Und dann passiert etwas Eigenartiges: Man erholt sich nicht.

„Wie kann das sein?", fragen Sie. Ein freier Tag, an dem man sich nicht erholt? Alle, die diese Frage stellen, beneide ich – denn sie gehören zu den glücklichen Menschen, bei denen das System richtig funktioniert. Bei mir tut es das nicht.

Nehmen wir einen klassischen Samstag. Am Freitagabend stelle ich mir vor, wie toll ich ausschlafen werde, um dann ganz gemütlich zu frühstücken und den ganzen Tag zu machen, was ich will. Okay, ein bisschen einkaufen, aber das fällt ja eher in die Kategorie Entspannung.

Wissen Sie, was passiert? Ich bin spätestens um 8 Uhr wach. Ich wehre mich verzweifelt: „Nein, du stehst jetzt nicht auf, du hast frei." Es hat keinen Sinn. Eine Viertelstunde später sitze ich, schwupp, mit einer Tasse Kaffee da und lese versuchsweise Zeitung. Während ich lese, sehe ich mit einem halben Auge den Zustand der Wohnung. Die ungeöffneten Briefe auf dem Küchentisch. Den Zettel mit der Einkaufsliste für die Theatertage der Schule an der Pinnwand. Den Heil- und Kostenplan für die Zahnspangenbehandlung (einreichen!).

Und schon sendet irgendein kleiner böser Teufel in meinem Hirn an meine Beine einen permanenten Aufspringimpuls. Mit dem Effekt, dass ich meistens irgendwann aufspringe. In der Regel habe ich dann höchstens ein, zwei Artikel gelesen und die Überschriften überflogen. Dann räume ich auf, putze, mache dem Kind Frühstück, packe, kaufe ein, wische, zupfe, springe, laufe. Und das alles in einer Geschwindigkeit, als sei der Leibhaftige hinter mir her. Ich habe schließlich keine Minute zu verlieren, so ein Samstag ist kurz. Und wenn ich dann das meiste geschafft habe oder geschafft zu haben glaube, ist es Abend und ich sinke aufs Sofa und habe nichts, aber auch nichts von dem gemacht, was ich gerne tun wollte, um mich zu entspannen. An dieser Stelle denke ich, prima, dafür hab ich echt viel erledigt, und dann bin ich eigentlich doch ganz zufrieden. Bis ich aus dem Augenwinkel ... nein, lassen wir das jetzt.

„Selten dämlich", mögen Sie vielleicht denken. Und das ist es, keine Frage. Vielleicht ist es auch ganz allein mein persönliches Problem. Aber wenn mich der Eindruck nicht trügt, ist es das nicht. Ich höre zu viele ähnliche Geschichten – und dann lacht man gemeinsam und versichert sich gegenseitig, wie bescheuert man ist. Aber eigentlich bleibt einem – mal wieder – das Lachen im Hals stecken. Ich versuche deshalb, aktiv gegen den Aufspringimpuls anzukämpfen.

„LASS ES LIEGEN!", sage ich in suggestivem Tonfall zu mir selbst, wenn ich irgendetwas aufheben will. Oder: „ES IST EGAL, DU MACHST ES MORGEN, ES STÖRT JETZT KEINEN!"

Der Erfolg ist mäßig.

Das gilt übrigens auch, wenn ich mal am

Samstagnachmittag im Garten sitze. „Siehst du die vertrockneten Margeritenblüten dort hinten am Busch?", flüstert der kleine Aufspringteufel in meinem Ohr.

„GEH WEG", fauche ich ihn an. Und nach zwei-, dreimal Fauchen stehe ich auf, nehme die Gartenschere und knipse die verblühten Margeriten ab. Ich glaube, es geht gar nicht darum, dass die welken Blüten mich wirklich stören – es geht um Aktion. Oder böse gesagt: um Aktionismus. Ich hab mir das neulich von meiner Ärztin erklären lassen, damit ich es auch amtlich habe: Mein Körper schüttet fortwährend Adrenalin aus – und das will verarbeitet werden. Sportler wissen, wie das am besten klappt: durch Sport. Ich bin aber nicht so der sportliche Typ. Also muss ich das Adrenalin durch zwanghafte Tätigkeit abbauen.

Sie haben jetzt natürlich das Totschlagargument auf Ihrer Seite: Wenn mein Körper sich zwanghaft bewegen muss, dann könnte er doch auch Sport machen. Stimmt. Nur hasse ich Sport. Und er macht meine Wohnung nicht sauber, erledigt nicht meine Steuererklärung und wäscht nicht die Wäsche. Es gilt also, das Unangenehme mit dem Nützlichen zu verbinden. Und so kommt es, dass ein Urlaubstag zu Hause alles andere ist als ein Urlaubstag.

Ähnlich bizarr ist es übrigens, wenn wir tatsächlich in den Urlaub fahren. Ich verreise eigentlich gern. Mein Leben lang bin ich viel rumgekommen, mein Mann hat lange als Reisejournalist gearbeitet, da bin ich ihm üblicherweise am Wochenende hinterhergefahren oder -geflogen, dorthin, wo er eben gerade war. Er ist Experte für Europa, daher war es meist Frankreich, Italien oder Spanien. Aber auch das war ja nicht nebenan. Ich hab mich nie geziert, raus aus der Arbeit am Freitag, rein in den Flieger, irgendwo in Rennes ausgestiegen, langes Wochenende, Leben aus dem Koffer.

Mittlerweile aber lehne ich es ab, am Freitag nach der Arbeit direkt in den Urlaub zu fahren oder zu fliegen, denn es führt dazu, dass ich drei Tage vorher jeden Abend wasche und packe. Dazu werde ich nie mit meiner Arbeit fertig, sodass ich am Tag der Abreise schufte bis zur letzten Sekunde. Dann hetze ich heim, packe die Koffer und meine Familie, rase zum Flieger, falle ins Flugzeug, sinke am Urlaubsort ermattet in den Mietwagen – und habe, im Quartier angekommen, erst einmal das Bedürfnis zu schlafen bis zum jüngsten Tag.

Kaum bin ich wieder auf den Beinen, kommt der Aufspringimpulsteufel: „Du musst dir etwas anschauen! Du kannst doch deine Lebenszeit hier nicht so einfach verschwenden!" Und – schwupp – habe ich mir die halbe Insel oder was auch immer angesehen und hab mich kein bisschen erholt. Es ist ein wenig wie mit einem missglückten Orgasmus. Die Voraussetzungen sind gut, der Typ ist toll, man ist auf 300, man wartet darauf, dass es passiert – ja! Jetzt! Jetzt vielleicht. Nein – doch nicht. Oder doch? Nein. Mist.

Entspannung ist eben Glückssache. Dazu kommt, dass man spätestens am dritten Urlaubstag Zeit hat, darüber nachzudenken, was in seinem Leben alles schiefläuft. Und dann ist mit Entspannung erst recht nicht mehr zu rechnen.

So viel zu Urlauben, in denen man versucht, sich auf Ruhe und Entspannung einzulassen – dazu gehören alle Arten von Bade- oder Cluburlauben, die man an einem warmen Ort am Meer oder am Pool verbringt. Aus gutem Grund mache ich solche Urlaube nicht mehr. Denn wir haben weiter oben schon gelernt: Ein Körper, der Tag und Nacht in Aktion ist, braucht auch im Urlaub Aktion. Meine bevorzugten Reiseziele sind daher im Moment England, Wales oder Schottland. Man kann sich dort Dinge ANSEHEN. Im Zweifelsfall unzählige Burgen und Abteien, eine schöner als die andere. Man braucht sich nicht der Illusion von Ruhe oder Entspannung hinzugeben, höchstens einmal kurz in der Teestube beim Fünf-Uhr-Tee und Scones. Aber kein Problem, danach kann man gleich wieder weitereilen und Schlösser besichtigen. Lehrreich übrigens, diese Art von Urlaub. Nur ein klitzekleines Problem gilt es zu lösen, wenn man die Britischen Inseln oder auch Skandinavien als Urlaubsziel bevorzugt: Die Kinder hassen es. Für sie nämlich ist permanentes Burgen- und Abteigehopse die reine Qual, es gibt nicht einen einzigen Pool, außerdem regnet es häufig und man fährt viel Auto, steigt hier aus, dort aus und meist ist es für Kinder fad. Also, außer man begegnet Roger. Aber auch das ist natürlich Glückssache.

Roger ist ein netter älterer Herr. Waliser, um genau zu sein. In einer Abtei, deren Namen ich vergessen habe, sitzt er im Visitor Center, begleitet von seinem treuen Beagle. Roger hat uns einen wirklich schönen Nachmittag beschert, den ersten, den wir in Wales verbrachten. Er drückte Malin ein laminiertes Stück Papier in die Hand, auf dem zehn Motive zu sehen waren, die er selbst in der Abtei fotografiert hatte. Sie müsse alle zehn finden, erklärte er ihr, dann bekäme sie einen kleinen hübschen Anstecker als Souvenir. Malin sauste los, der Beagle begleitete sie, und es dauerte nicht lang, da hatte sie neun der Abbildungen in der Abteiruine identifiziert. Aber der Ehrgeiz hatte sie gepackt: Wo war die zehnte? Wir sollten helfen – und scheiterten ebenfalls. Zwei Stunden Erkundungstour durch die Ruine, entspannend für meinen Mann und mich, aufregend für unsere Tochter. Am Schluss lachte Roger uns aus. Das zehnte Motiv wäre so einfach gewesen: Es war ein winziges Detail aus Motiv sechs, dem fein gemeißelten Fensterbogen, den wir hastig abgehakt und nicht genau betrachtet hatten. Mir war, als hätte ich nie einen liebenswerteren Herrn als Roger kennengelernt. Aber das nur am Rande. Der Rest des Urlaubs war sehr anstrengend. Nach zwei Wochen kam ich nach Hause, fing wieder an zu arbeiten und hatte einmal mehr das Gefühl, Erholung sei etwas für die anderen.

Stellt sich die Frage, ob ich nicht vielleicht schon immer so war. Aber ich schwöre: Das war ich nicht. Ich weiß nur nicht genau, an welcher Kreuzung ich falsch abgebogen bin. Im Studium pflegte ich nicht vor zehn Uhr aufzustehen, zu meinem Frühstückskaffee guckte ich die schwachsinnigsten und sinnlosesten Serien der Welt – Melrose Place zum Beispiel –, denn ich hatte unendlich viel Zeit und mein Leben war ebenfalls unendlich. Heute gucke ich keine schwachsinnigen Serien mehr, denn alles, was ich tue, muss meinem Leben einen Mehrwert bringen, ich hab schließlich nicht ewig Zeit und irgendwann werde ich mich auf das Sterbebett niederlegen. Und will ich dann sagen „Wow, ich hab echt viel Melrose Place geguckt."? Ganz sicher nicht. Aber wissen Sie, was? Ich will auch nicht sagen, dass ich unglaublich produktiv war und wahnsinnig viel gearbeitet habe.

Ich bin sicher, das alles hat nicht mehr viel mit der Vereinbarkeitsdebatte zu tun. Bestimmt gibt es genügend Managerinnen und Manager, die genauso unter dem Aufspringimpuls leiden, ganz ohne Kind. Und bestimmt gibt es genügend Mütter, die – ganz ohne Vollzeitjob – immer das Gefühl haben, nicht genug zu tun, nie fertig zu sein mit ihrer Arbeit, mit ihren Pflichten. Bei Working Moms kumuliert sich der Effekt jedoch.

Wissen Sie, wann ich mich das letzte Mal entspannt habe? Es gewagt habe, meine Zeit völlig sinnlos zu verplempern? Ich kann mich nicht erinnern.

9
RETTUNG IN SICHT?

So, nun hat sie uns 100 Seiten lang vorgejammert, werden Sie sich jetzt sagen, das ist wirklich armselig. Hat sie denn nicht einmal überlegt, etwas zu ändern?

Sie hat. Zumindest habe ich mir immer wieder in den Momenten, bevor der Aufspringteufel mich aus dem Sessel hochgejagt hat oder wenn ich morgens um fünf Uhr wach geworden bin und nicht mehr einschlafen konnte, weil mir die Last meines Alltags so die Seele beschwerte, überlegt, dass es eine Lösung geben müsse. Eine Lösung für mich und all die anderen, die unter dem Vereinbarkeitsmythos leiden.

Sie ahnen es schon – die Lösung kann nicht lauten: „Hören Sie auf zu arbeiten." Denn eins steht fest: Ich mag eine elende Jammerliese sein, doch ich will die Errungenschaften unserer Mütter und Großmütter bestimmt nicht schmälern und schon gar nicht einfach in die Tonne treten. Im Gegenteil: Ich bin stolz auf das, was Frauen leisten! Aber ich möchte, dass wir eine Wahl haben, dass wir respektiert werden, egal, für welches Leben wir uns entscheiden.

Und ich wünschte, ich könnte hier und heute ein Patentrezept anbieten. So etwas wie: Geben Sie ein halbes Pfund Entspannung und 125 Gramm Gelassenheit in eine Schüssel, rühren Sie, bis das Ganze schaumig wird, und heben Sie ein ein Viertel Pfund fluffig geschlagene Performance-Masse unter ...

Ach, wenn es so einfach wäre. Aber gedacht habe ich mir schon etwas bei all dem Gejammer. Und diese Gedanken möchte ich mit Ihnen teilen. Denn auch wenn ich beim besten Willen nicht behaupten kann, ich hätte meine Work-Life-Balance mittlerweile gefunden – ich gebe mir zumindest Mühe. Und den einen oder anderen Erfolgsfaktor habe ich, wie ich glaube, identifiziert.

Vorweg vielleicht noch eins: Ich spreche bei all diesen Lösungsansätzen immer von den Müttern. Aber natürlich gilt das alles auch für Väter, denn schließlich stellen sich ihnen dieselben Fragen: Können und wollen sie im Job kürzer treten oder auch nicht? Wie stark bringen sie sich in der Kinderbetreuung ein, wie viel Betreuung benötigt die Familie dadurch unter dem Strich noch „extern" und, und, und.

1. Die eigenen Motive prüfen

Eigentlich ist dieser Punkt ganz einfach zu berücksichtigen – er verlangt nur eins: Ehrlichkeit. Und zwar mit sich selbst. Das macht es vielleicht doch schwieriger, als man auf den ersten Blick meinen möchte. Denn wer ist schon so ganz und gar ehrlich mit sich selbst? Aber gut, wir versuchen es mal. Eins noch vorweg: Legen Sie sich möglichst erst NACH der Geburt Ihres Kindes fest, wann Sie in den Job zurückkehren wollen und in welchem Umfang. Vor allem, wenn es Ihr erstes Kind ist. Das ist etwas, das ich wirklich aus ganzem Herzen und tiefster Überzeugung empfehlen kann – weil ich so oft erlebt habe, dass das Gegenteil schiefging. Wie es Ihnen in der Schwangerschaft geht, ist nicht der geringste Indikator dafür, wie es hinterher mit Ihnen und dem Baby läuft. Sind Sie fit und gesund, unternehmungslustig und energiegeladen und entwickelt sich Ihr Nachwuchs unkompliziert – bestens! Dann können Sie mit so viel Volldampf in den Job zurück, wie Sie wollen, und in der Regel wird Ihr Arbeitgeber Ihnen das gerne ermöglichen. Läuft es nicht ganz so rund – und auch das ist eben leider manchmal der Fall –, können Sie sich selbst alle Zeit der Welt geben und stehen nicht im Wort. Aber das nur vorab.

Wir waren bei „prüfen Sie Ihre Motive". Wenn Sie nach der Geburt die Rückkehr in den Job planen, nehmen Sie sich eine Stunde Zeit, gehen Sie in sich und hören Sie auf Ihren Bauch. Fragen Sie sich: „Warum genau möchte ich zum jetzigen Zeitpunkt und in genau diesem Umfang zurück ins Arbeitsleben?"

Eine Antwort könnte lauten: „Ich liebe mein Kind, aber ich spüre schon jetzt, wie mir hier zu Hause die Decke auf den Kopf fällt. Ich brauche wieder viel mehr Sozialkontakte, intellektuellen Austausch und die täglichen komplexen Herausforderungen. Ich könnte Bäume ausreißen, wenn mich nur jemand ließe!" Oder: „Ich vermisse meinen Job unglaublich, ich habe schon wieder begonnen, jeden Tag die Mails zu lesen, und kann es kaum erwarten, bis ich dieses tolle neue Projekt in Angriff nehmen kann. Und mir fehlt der Klatsch und Tratsch mit den Kollegen, der Kundenkontakt und das Feedback meiner Chefin."

Es geht nicht um die exakte Wortwahl – aber Ihre Motivation sollte in etwa die oben beschriebene sein. Und wenn Sie diese – Achtung: ganz ehrlich! – bei sich feststellen, dann machen Sie mit der Planung weiter und berücksichtigen Sie dabei möglichst Punkt zwei bis vier auf der Liste.

Es könnte aber auch sein, dass die Antwort auf die Frage nach dem „Warum" so ähnlich lautet wie: „Na ja, wir bräuchten eben das Geld sehr dringend, das Haus muss abbezahlt werden und überhaupt hat mein Chef auch schon gefragt, wann ich wieder-komme, weil Not am Mann ist ..." Oder: „Ich muss jetzt echt wieder mal anfangen zu arbeiten. Ich kann doch nicht einfach meinem Mann auf der Tasche liegen. Die Nachbarin hat auch schon so komisch gefragt, wann ich wieder ins Büro gehe."

Sollten Ihnen diese Antworten bekannt vorkommen, dann Vorsicht! Wenn Sie nämlich mit dieser Motivation wieder in den Job einsteigen, kann ich Ihnen jetzt schon verraten, dass Sie nicht Ihrem Bauchgefühl folgen, sondern den Erwartungen, die irgendjemand anderer an Sie hat: Ihr Chef, Ihr Mann, die Nachbarn, die Gesellschaft. Oder Sie selbst.

Bitte verstehen Sie mich nicht falsch: Sie können natürlich trotzdem eine erfolgreiche Working Mom abgeben. Sie werden nur vermutlich Durststrecken schwieriger überwinden, schneller frustriert und überlastet sein, wenn es mal nicht so toll läuft. Und Sie werden voraussichtlich häufiger mit Ihrer Rolle hadern. Ich denke, das sollten Sie einfach wissen, damit Sie sich darauf vorbereiten und damit umgehen können.

Es gibt übrigens noch eine andere mögliche Antwort: „Oh mein Gott, ich halte das nicht aus, dieses schreiende kleine Ding den ganzen Tag, ich muss hier raus, wann kann ich um Gottes willen wieder arbeiten?"

Wenn Ihnen das regelmäßig durch den Kopf geht, ist die Rückkehr in den Job vermutlich eher Flucht als tiefes inneres Bedürfnis. Aber glauben Sie mir: Auch wenn die Mutterschaft Sie unglaublich anstrengt und manchmal vielleicht sogar deprimiert – ein Rund-um-die-Uhr-Job kann nicht ungeschehen machen, dass Sie nun die Verantwortung für einen zweiten Menschen haben. Im Zweifelsfall halsen Sie sich einfach nur die doppelte Belastung auf, wovon es nicht unbedingt besser wird.

2. Sich neu organisieren

Sie haben einen tollen Job – und ein Baby. Eine längere Auszeit ist für Sie keine Option, schließlich lieben Sie Ihren Job und haben sich nicht umsonst reingekniet, um dort zu landen, wo Sie jetzt sind.

Fein. Sie werden das schaffen. Aber wenn Sie feststellen, dass Ihr bisheriges Arbeitszeitmodell Ihrer Lebenssituation nicht gerecht wird – denken Sie um. Prüfen Sie ganz genau, ob Sie wirklich Vollzeit arbeiten wollen und müssen – sei es, weil Sie das Geld brauchen oder weil Sie Ihre Führungsposition nicht in Teilzeit ausüben können.

Brauchen Sie einfach nur das Geld, denken Sie über Alternativen nach: Vielleicht können Sie vorübergehend Ihre Fixkosten senken, zum Beispiel die Lebensversicherung beitragsfrei stellen, in einen günstigeren Handytarif wechseln, das Fitnessstudio kündigen und auf Nordic Walking oder Joggen umsteigen.

Falls Sie auf Einkommen verzichten können, aber Angst haben, Ihre (Führungs-)Position könnte anderweitig vergeben sein, wenn Sie nicht rechtzeitig zurückkehren, sprechen Sie mit Ihrem Chef oder Ihrer Chefin: Wäre ein Job-Sharing-Modell denkbar, das es Ihnen ermöglicht, Ihren Job mit einer Kollegin zu teilen? Wie viele Wochenstunden müssten Sie mindestens arbeiten, um Ihre (Führungs-)Rolle behalten zu können?

Wenn Sie nicht gerade im Beamtenverhältnis auf Lebenszeit sitzen und ein Jobwechsel für Sie durchaus denkbar ist, erwägen Sie eine Selbstständigkeit. Können Sie das, was Sie tun, auch als Freelancer machen? Eignet sich Ihre Profession für eine Beratungstätigkeit? Können Sie in eine Kanzlei/Praxis/Bürogemeinschaft einsteigen? Sind Sie lang genug im Job, um das, was Sie tun, auch zu lehren?

Ich weiß, gerade wenn man plötzlich die Verantwortung für einen zweiten oder gar einen dritten

Menschen trägt, ist ein sicherer Job das, was die meisten sich wünschen. Aber wenn der Preis dafür die totale Selbstaufgabe ist, sollte es möglich sein, über Alternativen zumindest nachzudenken. Ich kenne einige Frauen, die in der Zeit, als die Kinder klein waren, höchst erfolgreich selbstständig tätig waren und später, nachdem der Nachwuchs aus dem Gröbsten raus war, nahtlos wieder in einen gut bezahlten Vollzeitjob eingestiegen sind. Und bei all den lästigen Pflichten, die eine Selbstständigkeit mit sich bringt – von der Beantragung des Gründerzuschusses bis hin zur Buchhaltung – geht doch nichts darüber, sein eigener Herr oder seine eigene Herrin zu sein.

Sie merken schon, es geht nicht darum, weniger oder gar nichts zu arbeiten – wenn Sie selbstständig sind, arbeiten Sie unter Garantie nicht weniger! –, sondern darum, wie und wann Sie arbeiten. Dazu kommt der Vorteil, dass Sie als Freelancerin in der Regel nicht täglich irgendwelche Strecken zu einer Arbeitsstelle zurücklegen müssen. Sie sparen also Lebenszeit. Und sollte das Kind wirklich krank sein, sind Sie niemandem Rechenschaft schuldig, wenn Sie eine Stunde später anfangen oder einen Tag aussetzen. Was übrigens nicht bedeutet, dass Sie als Selbstständige auf so etwas wie eine Nottagesmutter verzichten könnten, denn auch als Freelancer macht sich die Arbeit natürlich nicht von allein und es vertritt einen auch niemand, wenn man wirklich einmal ein paar Tage lang ausfällt. Was mich zu Punkt Nummer drei bringt.

3. Immer einen Plan C haben

Sie kennen Murphys Gesetz und vor allem die Stelle, an der es heißt: „Wenn es mehrere Möglichkeiten gibt, dass Dinge schiefgehen, so wird das schiefgehen, das den größten Schaden anrichtet."

Eine Erfahrung, die ich gar nicht genug betonen kann. In jedem Job – vor allem, wenn man es bis zu einer Führungsposition gebracht hat – weiß man, dass man sich nie, niemals darauf verlassen kann, dass der ursprüngliche Plan klappt. Es wird immer irgendetwas anders kommen. Ein Plan B ist also unerlässlich. Neudeutsch heißt das „Fall-back-Position". Aber was bislang viel zu wenig bekannt ist und viele von uns erst lernen, wenn Sie Mütter werden und gleichzeitig versuchen, im Job voranzukommen, ist die unumstößliche Wahrheit, dass ein Plan B nicht reicht. Denn je mehr Parameter für das Gelingen eines Projekts stimmen müssen, desto höher die Wahrscheinlichkeit, dass auch der Plan B einmal schiefgeht. Und kaum gibt es diesen kleinen Menschen in Ihrem Leben, steigt die Zahl der Parameter überproportional. Allein pünktlich in die Arbeit zu kommen, kann zur Herausforderung werden. Ich sage: kann. Weil es bei mir so war. Zum Beispiel kam es vor, dass Malin schrie und sich weigerte, bei der Tagesmutter oder in der Krippe zu bleiben. Oder die Tasse mit Kakao versehentlich auf die Fliesen knallen ließ, sodass die Küche ein Desaster war – kurz bevor wir eigentlich das Haus verlassen sollten. Sie hatte ein Talent dafür, in letzter Sekunde ihre Klamotten in die Marmelade zu tunken.

Und natürlich konnte sie auf vielerlei Weise unpässlich sein, von undefinierbaren Kopfschmerzen über Fieberschübe bis hin zum Magen-Darm-Infekt. Erhöht man versuchsweise die Zahl der Kinder in der Familie, ist schnell klar, wohin das führt. Dazu kommt, dass Sie selbst in der Anfangszeit überdurchschnittlich häufig müde und krank sein können.

Plan C besteht oft einfach nur darin, auf alle Eventualitäten vorbereitet zu sein. Stellen Sie sich eine Liste mit Nottagesmüttern samt Handynummer zusammen, falls Ihre Tagesmutter krank ist. Legen Sie, wenn es irgendwie möglich ist, nie einen Termin auf den frühen Arbeitstag – so leiden zumindest nicht noch andere darunter, wenn Sie tatsächlich einmal nicht pünktlich loskommen. Haben Sie immer die Handynummern Ihrer Gesprächspartner parat, damit Sie im Notfall nicht all Ihre Mails durchsuchen müssen, um abzusagen. Hinterlegen Sie einen oder noch besser zwei Schlüssel bei Nachbarn und Freunden: Sollten Sie im Stau stecken bleiben und Ihr Kind nicht rechtzeitig von der Krippe holen können, besteht zumindest die Chance, dass jemand anders das übernimmt und bei Ihnen zu Hause noch so lange wartet, bis Sie es geschafft haben. Haben Sie stets Bargeld, einen vollen Tank und einen geladenen Handy-Akku. Briefen Sie vor einem wichtigen Termin immer eine Kollegin oder einen Kollegen, damit jemand Sie notfalls spontan und qualifiziert vertreten kann. Falls Sie mit einem Partner zusammenleben, achten Sie darauf, dass nie beide gleichzeitig auf einem Termin, einer Geschäftsreise oder einer Messe viele Kilometer von daheim entfernt sind. Falls doch, können Sie darauf wetten, dass Ihr Kind spontan von der Krippe abgeholt werden muss, weil es sich übergibt.

Was soll ich Ihnen sagen – Sie wissen vermutlich genau, was ich meine. Sorgen Sie einfach möglichst dafür, dass selbst beim Zusammentreffen zweier Unwahrscheinlichkeiten der Laden läuft. Und haben Sie für den Fall, dass drei (!) Unwahrscheinlichkeiten zusammentreffen, Baldrian parat.

4. Am eigenen Netzwerk arbeiten

Eigentlich wäre dieses Kapitel überflüssig, wenn alle arbeitenden Mütter diese wunderbare Einrichtung namens Großeltern ihr eigen nennen könnten. Genau genommen könnte man sich in diesem Fall beinahe dieses ganze Buch sparen. Denn Working Moms, deren Eltern oder Schwiegereltern in der Nähe wohnen, können zum Glück über viele der hier geschilderten Geschichten nur ungläubig lachen.

Um Missverständnissen vorzubeugen: Ich spreche nicht von Großeltern, die Tagesmutter, Krippe, Hort oder das eigene Engagement ersetzen – ich finde, das wäre zu viel verlangt, auch wenn ich durchaus Großeltern kenne, die sehr gern die Enkel auch regelmäßig betreuen möchten. Wovon ich spreche, sind Großeltern, die bereit sind, im Notfall einzuspringen. Die mal eben vorbeikommen können, wenn die Kleine fiebert und im Job gerade die Hölle los ist. Die das Kind mal spontan abholen, weil es im

Job spät wird. Die vielleicht sogar ein Abendessen gekocht oder mit eingekauft haben. Und so nette Dinge sagen wie: „Sollen wir euch die Kleine mal eine Nacht abnehmen, damit ihr durchschlafen könnt?"

Wissen Sie, was das Wunderbare an Großeltern ist? Sie sind die Einzigen, denen man in der Regel zutraut, das eigene Kind wirklich genauso kompetent und liebevoll zu betreuen wie man selbst, und mit denen man die Liebe des Sprösslings bis zu einem gewissen Grad bereit ist zu teilen. Großmütter oder Großväter sind absolut akzeptable Wärmflaschenmacher, Bildanschauer, Kuchenbäcker, Laternenbastler – kurzum: An sie kann man auch einmal Aufgaben abgeben, für die es unerlässlich ist, dass das Kind sich wirklich geliebt fühlt.

Sie merken schon, eigentlich schreibe ich dieses Buch für all jene, die keine Eltern und/oder Schwiegereltern greifbar haben. Das ist leider gar nicht so selten. Und die Gründe dafür sind vielfältig. Wer sich in einer anderen Stadt niedergelassen hat, lebt oft weit von den eigenen Eltern oder den Schwiegereltern entfernt. Oder die Eltern sind alt, nicht mehr fit, vielleicht sogar schon tot. In anderen Fällen ist das Verhältnis zu Eltern oder Schwiegereltern angespannt. Und dann wieder kommt es auch vor, dass die Großeltern selbst noch im Berufsleben stehen, sodass sie nicht verfügbar sind.

Bei mir trafen mehrere Dinge zu: Sowohl meine Eltern als auch die meines Mannes waren sehr betagt und lebten weit entfernt. Sie waren auch nicht mehr fit genug, um mal eben für einige Tage zu uns zu kommen und im Notfall einzuspringen. Wir hatten, genau genommen, keinen in unserer Nähe. Keine Großeltern. Keine Geschwister. Niemanden.

Ich kann mich gut erinnern, dass Heidi einmal zu mir sagte: „Dann musst du dir eben ein Netzwerk aufbauen."

Ich hätte sie damals am liebsten ermordet. Die hatte leicht reden mit ihrem Geld, ihren Zugehfrauen und ihrer scheinbar unerschöpflichen Zahl von Freundinnen und Bekannten. Aber natürlich hatte sie recht. Ich kann getrost zugeben, dass ich die ersten zehn Jahre in Malins Leben nicht auf diese Weise überstanden hätte, hätte es nicht immer Menschen gegeben, die mich – übrigens meist ganz selbstlos – unterstützt haben.

Ich muss dringend daran denken, jedem einzelnen von ihnen demnächst eine kleine Aufmerksamkeit vorbeizubringen und noch mal für all die Hilfe zu danken. Ich habe das zwar immer auch in der Situation getan, aber heute, in der Rückschau, wird mir noch klarer, wie wichtig sie alle dafür waren, dass ich überhaupt arbeiten konnte. Dazu gehören sowohl die vielen Frauen und Mädchen, die ich als Babysitter und Nottagesmütter hatte und die immer versucht haben, flexibel zu sein und einzuspringen, wenn Not an der Frau war, als auch die Freundinnen und Mütter anderer Kinder, die ohne viel Aufhebens Malin aus der Krippe mit nach Hause nahmen, sie bei sich übernachten ließen und die immer fahren konnten, wenn die Kinder zum Schwimmen wollten.

Eine wichtige Erfahrung habe ich dabei gemacht: Ich musste lernen, um Hilfe zu bitten – und Hilfe anzunehmen. Dabei bin ich ja eigentlich so konditioniert, dass ich nur um Hilfe bitte, wenn ich sicher bin, die Hilfe in dieser oder ähnlicher Form auch zurückgeben zu können. Zum Beispiel habe ich kein Problem, mir bei meiner Nachbarin Eier auszuleihen, wenn ich vergessen habe, welche zu kaufen. Denn das nächste Mal braucht sie Zucker oder Backpulver und dann kann ich ihr aushelfen. Ich kann auch getrost die Mutter von Malins Freundin fragen, ob sie so lieb wäre, zweimal hintereinander an einem Freitagnachmittag den Reit-Shuttle zu spielen, weil mein Mann ein andermal auch zweimal hintereinander fährt, wenn es bei ihr gerade mal nicht passt.

Nur gab es die Zeit, als ich ständig diejenige war, die fragen musste: Ob Christine meine Tochter vom Hort mit nach Hause nehmen und noch zwei, drei Stunden bei sich behalten würde. Ob Malin bei Martina übernachten könne, weil ich eine Abend-veranstaltung hatte und mein Mann ebenfalls unterwegs war. Ob ich das Kind morgens um halb sieben bei Irmi abliefern dürfe, damit sie es gemeinsam mit ihrem eigenen mit zum Kindergarten nahm, weil mein Zug nach irgendwo schon um 7 Uhr früh ging. Und es war völlig klar, dass ich zumindest diese Art von Hilfe nie, niemals würde zurückgeben können. Ich war nie diejenige, die mal früher heimkam und die Kinder anderer Leute hätte mit nach Hause nehmen können. Und ich konnte nie am

Nachmittag zum Schwimmen fahren. Es sei denn, ich hatte einen Tag Urlaub.

Mit dieser Tatsache hatte ich ganz schön zu kämpfen. Der einzig wirklich glückliche Umstand war, dass die meisten Mütter, die ich ständig um Hilfe bat, ihrerseits meiner Hilfe gar nicht bedurften – zumindest nicht in dieser Hinsicht. Sie konnten sich in der Regel selbst um ihre Kinder kümmern, einige von ihnen hatten auch die berühmten Großeltern in der Nähe oder andere Optionen. Trotzdem hatte ich immer das Gefühl, niemals wieder gutmachen zu können, was ich ihnen – so meine Wahrnehmung – „schuldete".

Aber wissen Sie, was? Ich glaube heute, die anderen Mütter erwarteten gar keine Wiedergutmachung. Ich denke, sie machten das gern. Christine zum Beispiel war immer unheimlich nett und hilfsbereit. Im Grunde nahm sie Malin mindestens zweimal die Woche vom Hort mit nach Hause – und wenn ich am Abend um halb sieben angehetzt kam, bat sie mich herein und hatte meist sogar einen Salat oder etwas anderes zu essen gemacht, oft tranken wir noch ein Gläschen Wein oder Prosecco zusammen und quatschten, bis ich mit Malin losmusste, damit die Kinder rechtzeitig ins Bett kamen.

Eigentlich fällt mir dazu nur ein Ratschlag ein: Wenn es Ihnen so geht wie mir und Sie Zeit nicht mit Zeit zurückzahlen können – überlegen Sie, ob Sie irgendetwas besonders gut können, von dem andere Mütter profitieren könnten. Vielleicht haben Sie einen grünen Daumen und können einen gärtnerischen Rat geben oder haben selbst gezogene Tomatenpflanzen zu verschenken? Oder Sie sind zufälligerweise ein Mathegenie und können der Freundin ihrer Tochter das unverständliche Matheproblem erklären. Vielleicht wissen Sie aber auch die beste Quelle für günstiges Brennholz und fragen in die Runde, ob Sie für jemanden mitbestellen sollen. Hauptsache, die anderen spüren Ihre Wertschätzung – und Sie fühlen sich besser.

Und noch eins in Sachen Netzwerk: Ich habe Projekte wie die „Wunschgroßeltern-Vermittlung" leider nie ausprobiert. Zum Teil habe ich auch erst hinterher erfahren, dass es so etwas in vielen größeren Städten gibt. Aber heute würde ich es tun. Denn ich selbst hatte als Kind – auch wenn die Vermittlung damals auf ganz anderen Wegen lief – auf diese Weise die liebevollste „Leih-Oma", die man sich denken kann. Meine Mutter arbeitete zwar nicht, war aber häufig krank und meine Leih-Oma war immer für uns Kinder da. Sie war mir ebenso wichtig wie meine Eltern. Und ich bin froh und dankbar, dass sie, als sie alt, gebrechlich und im Pflegeheim war, trotz ihrer Kinderlosigkeit eine Familie hatte: uns.

5. Sich nicht gegenseitig das Leben schwer machen
Vielleicht sind Sie gerade in den Job zurückgekehrt (oder stehen kurz davor), Sie freuen sich darauf, Sie wissen Ihr Kind gut betreut und eigentlich – so glauben Sie – ist alles bestens und Sie können wieder loslegen.

Ha! Denken Sie! Sie haben die Rechnung ohne all die anderen Frauen gemacht. Nun gut, das ist vielleicht ein bisschen polemisch, denn Sie werden auch viel Unterstützung erfahren. Aber so unglaublich es klingt: Sie werden auch lernen müssen, mit Anfeindung, Besserwisserei, Angeberei und Scheinglück umzugehen. Legen Sie sich also besser gleich eine Extraportion Gelassenheit zu, die exklusiv für den Moment reserviert ist, wenn Sie einer anderen Frau begegnen, die versucht, Ihnen das Leben schwer zu machen.

Was um alles in der Welt ich damit meine? Am einfachsten lässt sich das wohl wieder anhand von Beispielen aus dem wirklichen Leben demonstrieren.

Fangen wir mit den Anfeindungen an. Wozu mir auf der Stelle meine Kollegin Ruth einfällt: promovierte Biologin mit zwei Kindern und einem Mann, der als Journalist freiberuflich und meist von zu Hause aus arbeitet. Sie hatte von Anfang an geplant, nach der Geburt ihrer ersten Tochter in die Wissenschaft zurückzukehren, mit ihrem Mann war alles klar, er wollte sich in der Hauptsache um die Kleine kümmern, während Ruth den größten Teil des Familieneinkommens nach Hause bringen würde. So weit, so gut.

Und dann traf Ruth ihre Bekannte Karina. Man unterhielt sich, berichtete die neuesten Ereignisse aus dem eigenen Leben und diskutierte. Als Ruth von ihren Job-Plänen erzählte, war Karina – selbst Ärztin und kinderlos – empört. Dabei ist wohl, so hat es Ruth berichtet, der Satz gefallen: „Woher glaubst du dann das Recht zu nehmen, Kinder in die Welt zu setzen?"

Wenn ich Ruth nicht so gut kennen würde – ich würde es ihr nicht glauben. Ein solcher Satz klingt so surreal, dass es mir schier unmöglich erscheint, jemand könne ihn tatsächlich im 21. Jahrhundert gesagt haben. Aber da Ruths älteste Tochter nun genau 16 Jahre alt ist, kann am Zeitpunkt dieser Äußerung kein Zweifel bestehen. Zum Glück ist Ruth eine sehr selbstbewusste Frau, die nichts so schnell aus der Fassung bringt. Sie habe Karina ordentlich die Meinung gesagt, erzählte sie. Das Verhältnis sei in der Folge jedoch ein bisschen abgekühlt. Was mich nicht sehr erstaunte. Allerdings habe ich mich gefragt: Woher glaubte Karina das Recht zu nehmen, so etwas zu Ruth zu sagen? Es ging ja ganz offensichtlich nicht um einen wohlmeinenden Rat aus der Sorge heraus, Ruth könne sich mit ihren Plänen übernehmen, sondern um eine ziemlich dreiste Grenzüberschreitung. Erklären kann ich es mir nur so, dass Karina womöglich selbst gern Kinder gehabt hätte, sich diesen Wunsch aber aus Liebe zu ihrem Beruf versagte, weil sie beides nicht für vereinbar hielt, und ihr eigenes Lebensmodell dann auch auf Ruth übertragen hat.

Nun könnte man vermuten, dass jemand wie Karina doch eher die Ausnahme ist. Es wird Sie vielleicht verwundern zu lesen, dass meine eigene Kinderärztin eine ganz ähnliche Haltung vertreten hat, und zwar mit großem Nachdruck auch gegenüber den Müttern ihrer kleinen Patientinnen und

Patienten. Vermutlich ist sie noch heute dieser Meinung – nur bekomme ich es nicht mehr mit, weil ich irgendwann ihr anmaßendes Verhalten so satt hatte, dass ich mit Malin die Praxis wechselte.

Den Ausschlag gab ein Erlebnis, das mir wochenlang nicht aus dem Kopf ging. Und das kam so: Wir hatten einen Termin bei der besagten Ärztin für irgendeine dieser Vorsorgeuntersuchungen, die natürlich wichtig sind, die aber – logischerweise – nicht den gleichen Leidensdruck auslösen wie eine akute Bronchitis oder ein Fieberschub. Insofern vereinbart man einen solchen Termin, trägt ihn in den Kalender ein – und vergisst ihn dann, zumindest zeitweise, bis einen der Kalender wieder daran erinnert. Bekannt ist, dass bei Kalendern auch ab und an etwas schiefgeht. Wie in diesem speziellen Fall. Ich hatte den Termin falsch eingetragen, ich weiß nicht mehr genau, wieso, Fakt war jedenfalls, dass wir den Termin verpassten. Und wir verpassten ihn nicht nur, ich sagte ihn nicht einmal ab, denn ich wusste ja nicht, dass er anstand.

Das ist nicht schön. Das ist sogar sehr ärgerlich, und zwar sowohl für die Ärztin, als auch für mich, denn es war mir nicht nur unendlich peinlich, sondern wir mussten nun obendrein einen neuen Termin finden. Ich entschuldigte mich tausendmal, die Ärztin war sauer, ließ mich ungerührt auch exakt tausendmal um Verzeihung bitten, gab mir dann aber einen neuen Termin.

Es kam, wie es kommen musste: Auf dem Weg von der Arbeit zu Malins Hort stand ich im Stau. Ich holte sie zu spät ab. Ich machte mich zu spät auf den Weg zur Ärztin. Und es war ganz und gar unmöglich, nicht zu spät zum Termin zu kommen. Ich dachte, ich müsse im Erdboden versinken. Aber was half es? Noch von unterwegs rief ich in der Praxis an, in der wie immer nur ein Anrufbeantworter dranging, erklärte unsere Verspätung, bat einmal mehr um Entschuldigung, schlug vor, die Ärztin solle zuerst die nächsten Patienten drannehmen, wir würden gerne warten und schauen, ob hinterher noch Zeit wäre.

Als wir ankamen, waren wir fast eine halbe Stunde zu spät. Die Ärztin bat Malin, noch kurz im Wartezimmer zu spielen, und mich ins Sprech-zimmer. Was ich dann erlebte, kann ich kaum wiedergeben, weil mir allein bei der Erinnerung fast die Halsschlagader platzt. Die Frau belehrte mich darüber, dass ich das Vertrauensverhältnis zwischen Arzt und Patient zerstört hätte. Normalerweise würde sie, so erklärte sie in strengem Ton, nach einem solchen Vorfall die Behandlung abbrechen, aber sie wolle Malin nicht dafür bestrafen, dass ihre Mutter völlig überfordert und ganz offensichtlich nicht in der Lage sei, sich angemessen um ihr Kind zu kümmern.

Wissen Sie, was wirklich schlimm ist? Die Wut kommt bei mir oft erst später. Das führte dazu, dass ich wie ein begossener Pudel auf dem Stühlchen vor ihrem Schreibtisch saß und im ersten Augenblick gar nicht wusste, was ich sagen sollte. Da für die geplante Untersuchung keine Zeit mehr war, nahm ich mein Kind und fuhr nach Hause.

An solchen Tagen beneide ich meinen Mann um seine Gelassenheit. Als ich ihm die Geschichte erzählte, sagte er nur: „Da gehst du nicht mehr hin. Das kann ja wohl nicht sein, dass dich diese selbstgerechte Zicke fertigmacht, die scheinbar keine anderen Probleme hat."

Wir wechselten zu einem älteren Kinderarzt im Nachbarviertel und alles war gut. Aber ich ärgerte mich noch wochenlang über die Art, wie die Ärztin ihre vermeintliche moralische Überlegenheit zur Schau getragen hatte – und darüber, dass trotz meiner Wut irgendwo in meinem Inneren der Zweifel nagte: Hatte ich es nicht im Griff? Nein, sagen Sie nichts. Ich beneide Menschen, die sich einmal kurz schütteln wie ein nasser Hund und dann weitermachen, als wäre nichts gewesen. Das habe ich in 20 Berufsjahren nicht gelernt – aber macht nichts, bleiben ja noch 20 bis zur Rente.

Und natürlich gibt es ja nicht nur die eine oder andere bösartige Geschlechtsgenossinnen, nein, viele von ihnen meinen es gar nicht so. Sie wissen es einfach nur besser. Aber das reicht manchmal schon, um einer Working Mom das Leben schwer zu machen. Besonders beliebt sind diejenigen, die einen fragen, wie man dieses oder jenes macht, um dann, wenn man ganz unbefangen antwortet, mit der Frage „Eeeeeeecht jetzt?" zu kontern.

„Sag mal, wie machst du das denn, wenn du den ganzen Tag arbeitest und die Kleine am Mittag aus der Schule kommt. Wie ist das denn mit einem richtigen Essen?"

„Na ja, sie ist in der Mittagsbetreuung – und da kriegen sie jeden Tag etwas Warmes."

„Eeeeeeecht?"

Oder inzwischen, da meine Tochter schon zwölf ist: „Sag mal, was macht Malin denn in den Ferien, wenn sie ganz allein daheim ist?"

„Ach, meist ist sie ganz froh, wenn sie ausschlafen darf, und dann spielt sie was oder guckt ein bisschen auf ihrem Laptop."

„Eeeeeeecht? Also, unsere dürfen nicht länger als eineinhalb Stunden am Tag an den Computer ..."

Super. Herzlichen Glückwunsch, dass scheinbar immer jemand von euch zu Hause ist, um das zu kontrollieren, denke ich da nur.

Und wissen Sie, was ganz besonders schlimm ist? Das sind all die tollen, großartigen Mütter, die ganz tolle, großartige Kinder haben, die wahnsinnig kooperativ sind, wenn es darum geht, Hausaufgaben zu machen, ein Instrument zu lernen oder im Haushalt zu helfen. Ich dachte irgendwann: Vielleicht versuche ich es mit Ehrlichkeit. Es kann ja nicht sein, dass alle anderen Kinder Genies oder kleine Engel auf Erden sind, während meines doch immer häufiger gewisse Kooperationshemmungen hat, vor allem jetzt, da es auf die Pubertät zugeht.

Also habe ich Dinge gesagt wie: „Du, sag mal, kennst du das, meine Tochter hat überhaupt keine Lust mehr, Geige zu spielen. Sie hat mit so viel Eifer angefangen und jetzt muss ich sie zum Üben regelrecht zwingen. Es macht gar keinen Spaß mehr. Ich überlege ernsthaft, sie vom Unterricht abzumelden."

Sie kennen die Antwort, oder? „Eeeeeeecht? Also, da kann ich mich nicht beklagen. Lea hat jetzt zum ersten Mal ein eigenes kleines Konzert gegeben!" Das sind die Mütter der Musterkinder.

Die zweite Variante ist genauso unerträglich: die Mütter der unangepassten kleinen Genies.

Ich so: „Also, ich weiß nicht, in Mathe hat sie echt Schwierigkeiten, unsere Kleine. Mein Mann setzt sich am Wochenende immer mit ihr hin, aber die gehen ganz schön schnell voran mit dem Stoff, da kommt man kaum hinterher. Vor der Schulaufgabe müssen wir richtig pauken."

„Eeeeeeeecht? Bei uns ist das ja ganz anders. Der Timo, also, ich weiß ja nicht, wie der das macht. Der lernt ü-ber-haupt nichts. Keinen Strich. Und dann hat er doch immer eine Eins in Mathe. Er ist stinkfaul. Aber wahrscheinlich ist er einfach so begabt."

Ich kann dann immer nur hoffen, dass ich vorher keine üppige Mahlzeit zu mir genommen habe, damit ich die Übelkeit erfolgreich zurückdrängen kann.

Was mich mittlerweile am allermeisten auf die Palme bringt, ist das, was ich die Facebook-Lüge nenne. Sehen Sie auch in einer Tour glückliche Mütter mit ihren glücklichen, hübschen, liebreizenden Kindern auf Facebook, wo sie bereitwillig vor der Kamera posieren, mit irgendetwas Selbstgebasteltem oder Gemalten oder ihrem Instrument? Oder auch ganz einfach nur Arm in Arm mit Mami am Strand?

„Aaaaaah", denkt man dann, während das eigene Kind gerade einen Wutanfall hat, weil es seine Schul-tasche packen oder das Zimmer aufräumen soll, „was für eine glückliche kleine Familie. Wenn doch nur meine Tochter auch so herzig und sanftmütig wäre!"

Oder man sieht das niedliche Muttertagsgeschenk, das Josefine gerade ihrer Mama zum Muttertag überreicht, während die eigene Tochter gar nicht an den Muttertag gedacht hat und dann ganz, ganz schnell, als Papa ihr etwas ins Ohr geflüstert hat, einen Löwenzahn im Garten abrupft und einem als Sträußchen präsentiert.

Früher, als ich noch gutgläubig war, haben mich diese Facebook-Posts immer vollkommen frustriert. „Bestimmt liegt es daran, dass ich nie da bin!", dachte ich. Heute versuche ich, wenn sich Frust oder Enttäuschung ganz langsam und heiß in meiner Magengrube ausbreiten wollen, daran zu denken, wie viele Fotos ich schon gepostet habe von glücklichen Augenblicken mit meiner Tochter, eben jenen, die es doch immer wieder gibt zwischen zwei hysterischen Auseinandersetzungen, zwischen Gebrüll und Hektik, Sorgen und Ärger und zwischen Alltag und Alltag.

Liebe andere Mütter, ich muss Abbitte leisten! Wenn Sie ein Foto von meiner Tochter und mir auf Facebook entdecken, auf dem es so aussieht, als hätten wir alles im Griff und seien der Inbegriff von beste Freundinnen: Lassen Sie sich nicht täuschen! Seien Sie nicht frustriert! Wir sind ein ganz normales Mutter-Tochter-Duo, wir zoffen uns ständig und unser Leben ist alles andere als eitel Sonnenschein.

Ach ja: Eine heikle Sache muss ich in diesem Zusammenhang noch zur Sprache bringen. Zehn Jahre lang habe ich Vollzeit gearbeitet, habe im Job das eine oder andere erreicht und habe gleichzeitig ein Kind – wohlgemerkt nur eins! – halbwegs heil durch Krippe, Kindergarten, Grundschule und Unterstufe gebracht. Und immer mal wieder hat mich jemand gefragt: „Also, wie schaffst du das nur so ohne Weiteres?"

Da habe ich dann meist gelacht und gemeint: „Keine Ahnung – irgendwie."

Wissen Sie, was ich sagen werde, sollte mich das in der Zukunft jemals wieder jemand fragen? Ich werde sagen: „Ich schaffe es ja gar nicht ohne Weiteres. Im Gegenteil: Ich habe ganz schön Federn lassen müssen."

Und wenn sich dadurch nur eine einzige Frau besser fühlt – bestens.

Das ist mein guter Vorsatz und mein Beitrag zu meinem Aufruf an Sie, liebe andere Mütter: Machen Sie mir, machen Sie uns, machen Sie sich nicht gegenseitig das Leben schwer. Jede von uns macht ihren Job und spielt ihre Mutterrolle so gut sie eben kann.

6. An der eigenen Einstellung arbeiten

Wer kennt nicht den schönen Spruch: Jeder ist seines Glückes Schmied.

Ich kann Ihnen sagen, dass ich ihn immer unglaublich dämlich fand – genau genommen borniert, lieblos und menschenverachtend, weil er in meinen Augen impliziert, dass nicht nur jeder seines Glückes, sondern auch seines Unglückes Schmied sei. Im Klartext: Wem es schlecht geht, ist selbst schuld. Eine empörende Aussage, finde ich eigentlich immer noch.

Menschen auf der ganzen Welt – auch in unserer westlichen – geraten in einem fort unverschuldet in Not, sie werden krank, verlieren einen lieben Menschen, finden keine Arbeit, das Geld geht ihnen aus oder ihnen geschieht schlimmes Unrecht. Von manch anderen Teilen dieser Erde will ich überhaupt nicht erst reden.

Doch im Lauf der Jahre habe ich mehr und mehr begriffen, dass Menschen zwar oft ihre Umstände nicht ändern können – oder nur in begrenztem Umfang –, sehr wohl jedoch ihre Wahrnehmung. Nein, keine Angst, ich spreche nicht von irgendwelchen „Sorge dich nicht, lebe!"-Parolen und ich bin bestimmt die Letzte, die rundum kluge Lebenshilfe erteilen könnte. Aber ich versuche immer öfter im Alltag, ganz bewusst einen Schritt zurückzutreten und bestimmte Haltungen einfach mal infrage zu stellen, ehe ich mich ins scheinbar Unvermeidliche füge. Besonders gut klappt das tatsächlich – ich habe es ausprobiert! – beim Thema Kind und Karriere.

Ein Freund hat mal dieses Spiel mit mir gespielt, bei dem man auf alle Bedenken, die jemand formuliert, mit der Frage „Sagt wer?" antwortet. Das klappt natürlich nicht durchgängig, ist aber sehr lustig und lässt sich zum Beispiel auf folgende Konversation anwenden:

„Mensch, ich fühle mich echt krank. Hab total Halsweh und Kopfschmerzen. Hoffentlich kann ich morgen in die Arbeit gehen."

„Bleib doch daheim, wenn es dir nicht gut geht!"

„Nein, kann ich nicht."

„Sagt wer?"

„Na ja, ich, weil ich morgen wichtige Termine habe, da kann ich es mir einfach nicht erlauben, nicht hinzugehen."

„Sagt wer?"

„Nee, das geht echt nicht, sonst dauert es wieder ewig, bis wir einen neuen Termin finden. Dabei haben wir den morgigen so mühsam ausgemacht, mit all den Parteien, und wenn ich morgen nicht dabei bin, dann geht das ganze Ding schief."

„Sagt wer?"

Sie sehen, wohin das führt. Anderes Beispiel:

„Mist, ist schon so spät, ich muss ganz schnell noch einen Kuchen backen."

„Sagt wer?"

„Na, ich muss den morgen abliefern, da ist Sommerfest in der Schule und ich habe zugesagt, einen Kuchen beizusteuern."

„Warum machst du das denn auch?"

„Na ja, ich muss doch auch mal was beitragen."

„Sagt wer?"

„Ist eben so, man kann nicht immer nur nehmen und nie etwas geben, das macht einen ganz schnell unbeliebt."

„Sagt wer?"

Sie ahnen schon: Das „Sagt wer?"-Spiel hat ein paar Schwächen – zum Beispiel sind natürlich Menschen unbeliebt, die immer nur nehmen und nie geben. Aber grundsätzlich zeigt es doch, dass man sich ganz viele Pflichten selbst auferlegt. Was passiert denn, wenn man bei dem wichtigen Meeting wirklich einmal nicht dabei ist? Wenn man beim Bäcker ein paar Krapfen kauft oder eine Packung Schokoküsse, weil man den Kuchen nicht geschafft hat? Oder wenn man der Chefin sagt, dass man am Donnerstagnachmittag keine Zeit hat, weil man mit seinem Kind zum Kinderarzt muss?

Ich sage es Ihnen: Es passiert gar nichts. Denn wenn man normalerweise immer gewissenhaft und zuverlässig ist, werden die anderen es respektieren, wenn es wirklich einmal nicht geht. Nur man selbst weiß das offenbar nicht.

„Nein, da kennen Sie meinen Chef oder meine Chefin schlecht", können Sie jetzt einwenden. Und ja, natürlich gibt es auch solche. Aber ehrlich: Wenn jemand so ein Menschenschinder ist – will man dann wirklich die nächsten Jahre für ihn arbeiten?

Was aber, wenn man gar nicht mehr genau weiß, woher die hohen Anforderungen an einen kommen? Wenn der Chef oder die Chefin eigentlich nie etwas gesagt hat? Sich nie jemand beschwert hat, dass man nicht gebacken hat?

Ich habe das neulich mit meiner Ärztin diskutiert, die – wie ich eventuell schon erwähnt habe – eine sehr kluge Frau ist.

„Warum lassen Sie es denn nicht ein bisschen ruhiger angehen?", meinte sie.

Ich schüttelte vehement den Kopf. „Das geht auf keinen Fall. Mich nerven diese Leute tierisch, die alle anderen immer warten lassen und so träge auf ihrem Hintern sitzen."

„Sie sind ganz schön hart. Warum nennen Sie

diese Menschen denn träge? Die achten auf sich! Die kriegen vermutlich keinen Burn-out."

„Ja, das mag sein, aber dafür müssen es alle anderen ausbaden und das Doppelte arbeiten."

„Nein, das glauben Sie nur. Sie könnten auch auf sich achten."

„Also, mich regen solche Menschen auf, die sich auf Kosten der anderen ..."

„Moment mal, das geht jetzt zu weit. Wir sprechen ja nicht davon, sich vor der Arbeit zu drücken, sondern ein gutes, gesundes Maß zu finden."

Wieder wildes Kopfschütteln meinerseits. „Ein gesundes Maß, das ist doch utopisch. Das ist doch gleichbedeutend mit Faulheit. Also, wenn ich zu meinen Kollegen sagen würde, ich lasse es ein bisschen ruhiger angehen ... die würden denken, ich spinne."

„Auch wenn Sie ihnen erklären, dass das nötig ist, um gesundheitliche Probleme zu vermeiden?"

„Ich weiß nicht, ich finde, das klingt irgendwie nach Loser ..."

„Nein. Das klingt nach gesundem Menschenverstand. Wissen Sie, was ich glaube? Ich glaube, die Kolleginnen und Kollegen würden Sie beneiden, weil Sie Ihr Leben und Ihre Work-Life-Balance im Griff haben."

An dieser Stelle sind wir nicht mehr so recht weitergekommen in der Diskussion. Und wissen Sie, warum nicht? Weil es immense Überwindung kosten würde, im Alltag auszuprobieren, ob meine Ärztin recht hat. Würde mein Chef mich nicht mehr so

schätzen, würden meine Kollegen auf mich herab-
sehen, wenn ich es etwas ruhiger angehen ließe?
Wäre ich weniger beliebt, wenn ich nicht mehr
ständig Kuchen backe? Und bin ich eine schlechtere
Mutter, wenn meine Tochter kein selbst gekochtes ...
Sie wissen, was ich meine.

Aber vielleicht sollten wir es einfach mal
probieren? Merken Sie, wer die höchsten Ansprüche
an uns stellt? Wir selbst! Entwickeln wir doch ein
bisschen mehr Fehlertoleranz, ein bisschen mehr
Gelassenheit – auch uns selbst gegenüber. Keinen
einzigen anderen Menschen würden wir so unbarm-
herzig geißeln, wenn er mal nicht funktioniert oder
nicht perfekt ist. Und keine Sorge: Wenn Sie all den
Stress, den Sie sich selbst machen, abziehen, bleibt
immer noch genügend übrig, um Sie auf Trab zu
halten.

Zum Abschluss vielleicht – und zur Ermutigung –
die Geschichte meiner Freundin Kerstin. Dabei geht
es nicht um Kind und Karriere (oder zumindest nur
mittelbar), sondern um die richtige Berufswahl.
Kerstin ist Lehrerin. Ich kann die Geschichte so entspannt erzählen, weil ich irgendwann, ganz zu Anfang
meines Studiums, selbst einmal Lehramt studiert und
nach dem ersten Praktikum gemerkt habe, dass es
nicht mein Beruf ist. Gar nichts passiert, alles gut,
einfach nicht das, was ich im Leben machen wollte.
Also habe ich mich umorientiert. Es war die richtige
Entscheidung und ich war deshalb noch nie neidisch
auf Kerstin. Aber Sie alle kennen natürlich die
Lästereien über den Lehrerberuf, den öffentlichen

Dienst, die langen Ferien und die unendlichen Mengen an Freizeit, die Lehrer – vermeintlich – so haben. Dass Lehrer überproportional oft unter Burnout leiden, wird da gerne übersehen. Wie dem auch sei – Lehrerwitze waren auf Partys jedenfalls immer der Renner, vor allem dann, wenn ein paar gestresste Manager und Managerinnen beieinanderstanden und jammerten und, wenn Kerstin mal den Mund aufmachte, unisono blökten: „Also, was willst du denn dazu sagen? Du bist doch Lehrerin! Du hast ständig frei! Und die ewigen Ferien!"

Ich kenne viele Lehrerinnen und Lehrer und weiß genau, wie sie auf solche Witze reagieren. Sie haben die Schnauze voll davon, aber aus irgendeinem Grund fangen sie immer an, sich zu verteidigen. Sie erzählen, wie viel Lehrer korrigieren müssen – auch in den Ferien, in denen es zumal Unterricht vorzubereiten gilt und was weiß ich alles. Kurzum, sie versuchen, es den Managern gleichzutun – und ziehen doch, egal, was sie sagen, stets den Kürzeren.

Nicht so Kerstin. Kerstin ist cool. Kerstin sagt in so einem Fall gern: „Klar. Ich bin Lehrerin. Und mir geht es prima damit. Du hast doch auch studiert. Warum bist du denn nicht Lehrer geworden? Ist doch dein Problem, wenn du jetzt 60-Stunden-Wochen hast."

Sie sollten mal sehen, wie sie dann mit offenem Mund dastehen, die Manager und Managerinnen. Warum ich das erzähle? Eigentlich nur, weil ich Kerstins Gelassenheit echt lässig finde.

Was meinen Sie, was passiert, wenn Sie das nächste Mal um fünf Uhr gehen und jemand ein blöde

Bemerkung macht – und Sie darauf so etwas sagen wie: „Ich kann nichts dafür, dass ihr alle so langsam arbeitet." Oder: „Es geht doch hier darum, effizient zu sein, nicht darum, Zeit abzusitzen."

Ja, ich weiß, das traut sich wieder keiner. Ich ja auch nicht. Aber was soll ich Ihnen sagen: Jeder ist seines Glückes Schmied.

7. Eine ehrliche gesellschaftliche Debatte anregen

Was machen wir denn nun mit all den „role models", den strahlenden Managerinnen, die mit dem Säugling auf dem gepflegten Knie an ihrem MacBook sitzen? Was machen wir mit diesen Superpowermüttern, den Geburtstagsparty-der-Superlative-Organisiererinnen, den Mit-links-Haushalt-und-Job-Bewältigerinnen, den Facebook-Lügnerinnen und den moralisch Überlegenen, den Besserwisserinnen, den Anfeinderinnen, den Hochbegabten-Müttern und den arbeitswütigen Chefs und Chefinnen?

Wagen wir doch einfach, ihren Glorienschein zu hinterfragen: im stillen Kämmerlein, aber auch in der öffentlichen Diskussion! Sprechen wir Dinge offen und ehrlich aus – erzählen wir vom Glück, aber auch vom Elend eines Lebens, in dem wir versuchen, unseren Kindern und unserem Beruf gleichermaßen gerecht zu werden. Und nehmen wir uns das Recht heraus, selbst und ganz allein zu entscheiden, wie wir unser Leben gestalten, mit wie viel Arbeit und wie viel Muttersein. Ja, auch mit 100 Prozent Arbeit oder 100 Prozent Muttersein, wenn uns das guttut. Wem sind wir eigentlich Rechenschaft schuldig?

Meine Freundin Patricia hat es neulich vorgemacht. Sie arbeitet bei einem großen deutschen Elektronikmulti, bei dem man ihr, nachdem sie die Karriereleiter unaufhaltsam nach oben geklettert war, nun schließlich das eigentlich heiß ersehnte Superprojekt angeboten hat, das ihr den Zugang zur Top-Top-Etage und die 160.000 Euro im Jahr sichern würde. Und als sie es wagte, ein bisschen zu zögern, weil ihre Tochter doch noch recht klein ist, und sie überlegt hat, ob sie die ständigen Geschäftsreisen rund um die Welt mit ihrer Familie vereinbaren könne, da hat man ihr gesagt, dieses Zögern, das könne sie sich jetzt nicht leisten. So eine Chance komme nie wieder. Wenn sie sich da jetzt bitten lasse, dann sei es das gewesen, mittleres Management für den Rest ihres Lebens. Sie müsse da jetzt ganz klar ihre Leistungsbereitschaft zeigen.

Und da sagte Pat – also, vielleicht nicht so unverblümt, aber doch so ähnlich: „Einen Scheiß muss ich. Und wenn das meine letzte und einzige Chance gewesen ist, dann ist es eben so. Ich lasse mich doch hier nicht unter Druck setzen."

Und soll ich Ihnen etwas sagen? Recht hat sie.

Ich wünsche mir eine öffentliche Debatte, die nicht ständig von einem Extrem ins andere fällt, entweder angewidert das „Heimchen am Herd" oder verzückt die Karriere-Mom ins Feld führt, sondern die mit Augenmaß geführt wird, mit einem Gefühl für die Alltagsrealität von Millionen von Frauen, die irgendwo zwischen diesen beiden „Extremen" ihr Leben managen und viel leisten. Und die ein Recht darauf haben, auch mal abgehetzt oder überfordert zu sein und bei der Maniküre zu schlampen. Nur wenn wir diese Art von öffentlicher Debatte einfordern, wenn wir keine Angst haben, uns auch mal selbst zu outen, Schwächen einzugestehen und, wenn nötig, Grenzen zu setzen – nur dann wird es uns gelingen, in unserer Gesellschaft wirklich etwas für die Vereinbarkeit von Beruf und Familie zu erreichen: und sei es nur die Akzeptanz der unterschiedlichsten Lebensentwürfe. Holen wir uns unser Leben zurück: unser Berufsleben – und unser Privatleben.

Ich sage Ihnen, was ich ganz persönlich künftig mit all den „role models" machen werde: ignorieren. Ich räume ihnen einfach keine Bedeutung mehr in meinem Leben ein. Ist doch fein, wie sie das alles so toll hinkriegen. Sollen sie. Ich werde mein Leben leben. Und die „role models" dürfen gern das ihre leben. Eins ist jedenfalls sicher: Ich tauge kein bisschen als „role model".

Also: Nehmen Sie sich bloß kein Beispiel an mir. Denn es ist *Ihr* Job. *Ihr* Kind. Und *Ihr* Leben.

DANKSAGUNG
Was wäre diese Geschichte ohne Eva Müller-Hierteis, die beste Lektorin von allen? Danke.

ÜBER DIE AUTORIN

Jana Witt ist in Süddeutschland geboren. Die Journalistin und PR-Beraterin leitet nach verschiedenen beruflichen Stationen heute die Kommunikationsabteilung einer öffentlichen Einrichtung. Sie hat nur ein einziges Kind, nur eine Position im mittleren Management – und sie ist NICHT alleinerziehend. Aber das reicht schon.